89

ENQUÊTE ALGÉRIENNE

DU MÊME AUTEUR :

La Politique du roi Charles V, la Nation et la Royauté, chez Léopold Cerf, un vol. in-16.

Croquis parlementaires (sous le pseudonyme de *Sybil*), librairie académique Didier, Perrin et Cie, un vol. in-16.

Pour paraître prochainement :

Souverains, Princes et Hommes d'État.
Sophismes politiques de ce temps.

NOUVELLE BIBLIOTHÈQUE VARIÉE
SCIENCES SOCIALES ET POLITIQUES

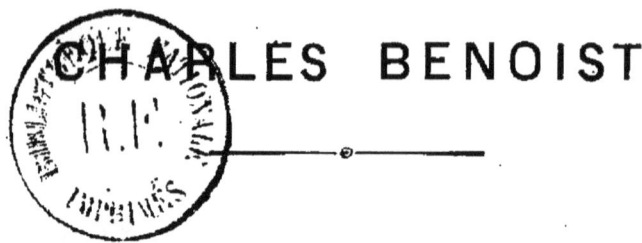

CHARLES BENOIST

ENQUÊTE

ALGÉRIENNE

—✳—

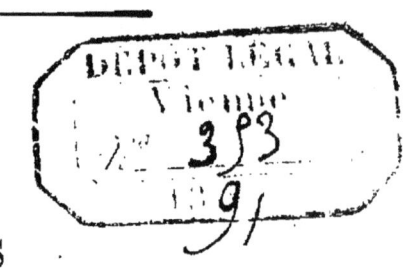

PARIS
LECÈNE, OUDIN ET Cie, ÉDITEURS
17, RUE BONAPARTE, 17
—
1892

Tous droits de traduction et de reproduction réservés.

A MONSIEUR ADRIEN HÉBRARD

SÉNATEUR

DIRECTEUR DU « TEMPS »

Le public a vu, pendant de si longs mois, paraître ces notes avec la mention : Au directeur du « Temps », qu'il ne les reconnaîtrait plus, si le volume ne portait votre nom à sa première page. Je l'y inscris comme un de ceux sous le patronage desquels il m'est le plus sûr et le plus cher de me placer. Au reste, nous sommes un peu complices en tout ceci. N'est-ce pas vous qui m'avez suggéré l'idée et fourni l'instrument du crime ? Vous ne pouvez être étonné que je me cache derrière vous, à l'heure du jugement définitif.

Ch. B.

INTRODUCTION

POSITION DE LA QUESTION ALGÉRIENNE

M. Jules Cambon est un heureux homme. Il va trouver, en débarquant, la question algérienne résolue. Chacun, il faut le dire, s'y sera employé, des deux côtés de la Méditerranée. Si, dès son arrivée, le gouverneur ne fait rien, c'est qu'il ne voudra rien faire. La voie lui est toute tracée : une seule besogne l'attend, et si facile : il n'a qu'à lire les journaux.

Peut-être, en les lisant, s'embarrassera-t-il dans quelques contradictions, et, comme il a l'esprit précis, ne s'accommodera-t-il pas de phrases sonores et de généralités vagues.

C'est l'unique chance qui reste à ceux qui n'ont pas encore émis leur opinion sur l'Algérie et le régime qui lui convient. La question étant résolue pour tout le monde et par tout le monde, ils n'ont plus qu'une chose à faire : c'est d'essayer de la bien poser dans ses termes exacts, d'en reconnaître et d'en classer les éléments, de mettre, en un mot, un peu d'ordre dans cette pharmacie politique que les docteurs Tant-Pis et les docteurs Tant-Mieux ont, à l'envi les uns des autres, enrichie d'un flacon de leur spécialité. Nul doute que, parmi ces remèdes, il ne s'en puisse rencontrer qui soient capables d'un bon effet ; mais il n'est jamais inutile, dans l'intérêt du malade, de se demander pourquoi. On a procédé, jusqu'ici, instinctivement, empiriquement, ou par ensembles, par vues de génie, ce qui revient au même, le génie n'étant souvent que le plus haut degré de l'empirisme ; il reste à procéder scientifiquement ou tout au moins méthodiquement.

Avec combien de raison, en Algérie surtout, ne s'est-on pas égayé des touristes-réformateurs qui prétendent tout voir, tout juger, tout changer de la portière de leur wagon ? La plaisanterie serait complète et exquise, si elle n'épargnait pas une autre espèce également ridicule : celle des réformateurs en chambre. Entre les deux, point de différence ; ceux-ci ont leur projet dans leur armoire, comme ceux-là, dans leur valise. Tout dépend des goûts ; mais, à mon sens, le plus sottement fou de tous les fous, c'est Rousseau dans son cabinet, faisant des lois pour l'île de Corse.

On a pu concevoir, un moment, de sérieuses inquiétudes ; la question algérienne, ou ce qu'on appelle ainsi, est très vaste : c'est une mer à traverser. La commission des Dix-Huit risquait, pensait-on, de s'y noyer, d'autant plus que, comme c'est l'usage quand on va à la découverte, elle abandonnait beaucoup au hasard. M. de Cès-Caupenne avait un programme, M. Guichard un autre, M. Jules Ferry un troisième.

Mais quelles que fussent leurs divergences, ces trois programmes avaient, à y regarder de près, des points communs, et la commission, en les ondant et en y ajoutant, a réparti de cette manière ses études et ses décisions :

1° Propriété indigène et organisation du crédit ;

2° Instruction des indigènes et Code de l'indigénat ;

3° Montagnes et reboisements ;

4° Chemins de fer et ports ;

5° Assimilation et représentation de la population indigène ;

6° Recrutement du personnel administratif (1).

On peut reprocher à ce plan d'être à la fois trop

---

(1) Voici le texte exact du questionnaire rédigé par la commission sénatoriale :

§ 1ᵉʳ. — *Propriété et état civil chez les indigènes.*

Constitution de la propriété. — Sénatus-consulte de 1863 (propriété collective), effets et application. — Loi de 1873 (propriété individuelle), fonctionnement et résultats. — Loi de 1887. — Régime des expropriations (loi de 1851 ; décrets de 1855, 1858 et 1859 ; occupations d'urgence).

Constitution de l'état civil. — Loi du 23 mars 1882 ; résultats obtenus. — L'usure chez les Arabes. — Organisation du crédit : Banque d'Algérie, Comptoirs d'escompte, etc.

§ 2. — *Peuplement français et européen.*

Colonisation officielle ou libre. — Concession gratuite ou vente des terres. — Immigration : naturalisation des étrangers.

§ 3. — *Budget de l'Algérie.*

Impôts arabes ; réformes nécessaires. — Les impôts en Kabylie. — Impôts français : application progressive des impôts de la métropole. — Réquisitions. — Question du budget spécial. — Domaine public : aliénation. — Forêts : délimitation et mise en valeur. — Travaux publics : aménagement des eaux. — Chemins de fer. — Ports. — Subventions et garanties d'intérêt. — Tarifs. — Chemins vicinaux : règles qui président à leur établissement.

§ 4. — *Instruction publique, justice et cultes.*

Ecoles primaires publiques. — Ecoles arabes-françaises : ce qui a été fait, ce qui reste à faire (Arabes et Kabyles) compliqué et trop simple, de placer sur la même ligne des questions d'importance très inégale ; mais il est

— L'enseignement manuel et professionnel. — Décret de 1883, organisant l'enseignement primaire français et arabe en Algérie.

Enseignement supérieur. — Organisation de la médecine chez les indigènes (Arabes et Kabyles).

Organisation de la justice indigène ou française : juges de paix, cadis. — La justice en Kabylie. — Interprètes, cour d'assises, etc. — Offices ministériels. — Police et sécurité.

Code de l'indigénat. — Pouvoirs et organisation des communes mixtes. — Responsabilité collective. — Naturalisation des indigènes, et en particulier des Kabyles. — Ressources militaires qu'on peut tirer des indigènes arabes ou kabyles.

§ 5. —*Constitution administrative de l'Algérie.*

(A). 1° Maintien du *statu quo ;*

2° Restriction des pouvoirs du gouvernement général, extension de l'initiative et des pouvoirs des préfets ;

3° Développement des pouvoirs du gouvernement général. — Question des services rattachés ;

4° Assimilation pure et simple des départements algériens aux départements français ;

5° Création d'un ministère spécial à Paris ou à Alger, analogue au ministère de l'Algérie et des colonies (1858 à 1860).

(B). Organisation et représentation des indigènes : dans les conseils municipaux (Kabylie) ; dans les conseils généraux. — Participation des indigènes aux élections des sénateurs et des députés. — Entrée des indigènes dans le conseil supérieur. — Revision des attributions et de l'organisation du conseil supérieur. — Régime des décrets, des arrêtés et des lois.

loin d'être mauvais. Il a une grande qualité, la plus nécessaire de toutes : il est à peu près conforme à la nature des choses. Dans ces sortes d'enquêtes, l'essentiel, c'est de calquer la réalité. Or comment se présente ici la réalité ?

Vous avez, en tout premier lieu, la terre. A qui appartient originairement la terre ? Sous quelles formes la possède-t-on et par quel droit est-elle régie ? Comment est-elle mise en valeur ? Comment se transmet-elle ou se perd-elle ? A qui passe-t-elle ? Que devient-elle dans ce second état ?

C'est le double problème de la propriété et de la colonisation.

Vous avez, d'autre part, en Algérie, deux populations distinctes : une population indigène et une population européenne. Par quel droit est régie chacune de ces populations considérées séparément ? Quelles sont les mœurs, les coutumes, les traditions de l'une ? Quelles sont l'origine, la valeur morale, les fins de l'autre ? Ces deux populations devant vivre en un contact forcé, quelle est la mesure des droits de l'une et de l'autre ?

C'est le problème de la justice, qui est triple : justice entre indigènes ; justice entre Européens ; justice entre Européens et indigènes. J'écarte la justice entre Européens : il reste le double problème de la justice entre indigènes et de la justice entre les indigènes et les Européens.

Ces deux populations distinctes ne sont pas arrivées à une même étape de la civilisation. Elles n'ont pas les mêmes conceptions, les mêmes idées ; elles ont des racines différentes, elles sont de races différentes. Quelles sont les institutions qui doivent être propres à l'une, celles qui sont propres à l'autre ? Et puisque les deux civilisations sont en contact forcé comme les deux populations, par quelles sages précautions peut-on régler ce contact, en amortir les chocs, en prévenir et en éviter les dangers ?

C'est le problème de l'administration qui est double : administration de l'Algérie en général, administration spéciale des indigènes.

Les deux populations de l'Algérie ont, toutes les deux, des besoins et des intérêts. Elles ont des intérêts qui sont les mêmes ; elles en ont qui sont différents ; elles en ont qui sont opposés. Elles ont des besoins qui sont les mêmes ; elles en ont qui ne sont pas les mêmes. Toutes les deux doivent donc avoir des charges ; en partie les mêmes charges, en partie des charges différentes. Quelle est la mesure de ces besoins, et quelle doit être celle de ces charges?

C'est le problème politique et financier, qui est double, triple ou quadruple, instruction publique, cultes, travaux publics, impôts.

Comment faire pour concilier, pour équilibrer ces intérêts, ces besoins différents, ces différentes conceptions, ces différentes idées, ces différentes traditions, mœurs et coutumes, ces droits différents (je laisse de côté les religions, bien que, dans l'esprit des indigènes, la loi civile et la loi religieuse se confondent, bien qu'il n'y ait pour eux qu'une seule loi : la loi religieuse)? Comment s'y prendre pour rapprocher ces deux populations, pour diminuer, sinon pour combler tout à fait la distance où elles sont l'une de l'autre, pour substituer l'harmonie à l'hostilité, et au conflit latent on ne sait quel commencement de fusion?

C'est le problème de l'assimilation, qui est infini, qui touche à tous les autres, qui est, en somme, toute la question algérienne. Quand, de la tribune ou d'ailleurs, on a lancé ce mot d'assimilation qui sonne si bien à l'oreille, on ne s'est pas vraisemblablement rendu compte de tout ce que, appliqué à ce pays, il pouvait contenir.

C'est, à lui seul, une encyclopédie, un cercle immense où sont inscrits six ou sept grands carrés : propriété, colonisation, justice, administration, travaux publics, instruction publique, impôts, et dans chacun de ces six ou sept grands carrés peuvent s'inscrire, à leur tour, une multitude de carrés plus petits. Terre *melk* ou de propriété privée, terre *arch* ou de propriété collective, terre privée possédée par une famille dans l'indivision, terres domaniales, communaux, collectifs de culture, et terrains de parcours, etc., etc. ; colonisation par concession ou par vente de fonds, colonisation officielle ou par initiative privée, colonisation par grandes compagnies ou par petits colons, organisation et conditions du crédit, etc., etc.

Ce serait vanité que de prétendre courir, d'un pied sûr, tout autour et à l'intérieur de ce cercle. La seule ambition qui soit permise et le seul moyen d'en sortir, c'est d'aller de petits carrés en petits carrés, puis de grands carrés en grands carrés, c'est de s'avancer prudemment, c'est d'éclairer la question, non par un coup de triomphant soleil, mais en s'efforçant de n'en laisser aucun côté absolument dans l'ombre.

Nous traiterons donc successivement de la terre, de la colonisation, de la justice, de l'administration, des impôts.

Procéder par une série d'analyses, par une série de monographies, le faire sans préjugés, sans rhétorique ; être, avant de se renseigner, comme une table rase : l'utilité du travail, sa valeur est à ce prix.

Dès lors qu'on a conscience de n'avoir systématiquement accepté ni systématiquement écarté rien et personne, de n'avoir noté que des faits et des faits contrôlés, il ne faut pas craindre de dire : la valeur scientifique. Il faut au contraire le dire hardiment, parce que dans cette satisfaction de conscience, dans cette certitude scientifique, qui est la plus fière de toutes, on puisera la force de tout écrire, si on le doit, et la patience de ne pas répondre aux polémiques, s'il s'en produit.

ENQUÊTE ALGÉRIENNE

CHAPITRE I.

LA TERRE.

La terre est la matière première de la colonisation. Mais c'est une matière première qui ne s'accroît pas, qui ne s'étend pas à volonté. Par les circonstances naturelles et par les circonstances historiques, elle est étroitement limitée : il n'y en a jamais qu'une certaine quantité disponible. Lorsque nous sommes entrés en Algérie, nous ne sommes entrés ni sur une terre vaine ni dans un pays désert. Partout il y avait des hommes, et ces hommes vivaient de la terre.

Ils la possédaient ou ils en jouissaient d'après certaines règles et en de certaines formes. Ils avaient d'elle une certaine conception. Leur principe le plus général était que « toute terre est à Dieu et au Sultan, son vicaire ». Un autre principe général était qu'il y a deux espèces de terres : la terre morte et la terre vivante.

On appelait *terre morte* la broussaille, le terrain de parcours. La terre morte était à tout le monde et n'était à personne, tant que personne ne l'avait vivifiée. Elle se pouvait vivifier de diverses manières, de deux manières surtout, suivant les régions : par le défrichement et l'irrigation. L'un ou l'autre de ces travaux emportait l'appropriation au profit de celui qui s'y était livré. C'était la prise de possession effective, à même la terre morte, de la partie du sol vivifiée. Par le défrichement ou par l'irrigation, tel ou tel saisissait telle terre, elle devenait sa chose : il n'en était déchu que par l'abandon prolongé, manifeste : alors, abandonnée, veuve en quelque sorte, en tout cas vacante, elle redevenait terre morte, jusqu'à ce qu'un autre, la revivifiant, en acquît à son tour la propriété.

Mais tout ce qui n'était point vivifié n'était pas terre morte et terre vivifiable. Les choses d'une utilité commune et qu'un seul n'eût pu capter sans nuire à tous les autres, l'eau des fleuves, par exemple, constituaient à jamais le domaine public, étaient une dépendance de la « Maison de l'Islam ».

Puis, à côté du domaine public, il y avait le domaine du seigneur, le *beylik*. Les beys possédaient de vastes territoires, en propre et à titre absolu ; de plus, sur la masse de la terre morte, ils représentaient Dieu et le Sultan, son vicaire ; ils en avaient le domaine éminent.

Sur la terre morte dont ils étaient suzerains en Algérie, pays conquis, « terre de violence », les beys donnèrent des concessions : l'usage, la coutume se renouvelant sans cesse et se perpétuant, fit le reste. Il fut notoire et entendu que telle tribu allait, aux époques convenables, de tel campement à tel campement et de tel pâturage à tel terrain de culture.

Peu importe le mode, collectif ou individuel, dont la culture se faisait ; toute terre cultivée était vivifiée ; toute terre vivifiée était propriété pleine et définitive. Propriété d'un seul ou de plusieurs, d'un particulier ou d'une tribu, peu importe. Elle était retirée de la masse de la terre morte, séparée du domaine public, distincte, indépendante du domaine de l'Etat.

Construire un gourbi, planter un arbre, creuser un puits, c'était vivifier, s'approprier. Autour du gourbi, de l'arbre, du puits, on réservait une zone neutre, une zone de protection. Autour des centres, villes ou villages, on réservait une zone commune pour l'usage à tous les habitants de la ville ou du village, interdite à tous étrangers ; on la nommait *mechmel*, communal de village ; elle était intermédiaire entre la terre vivante et la terre morte.

Voilà quel était l'état, quelle était, réduite à ses traits caractéristiques, la physionomie de la terre en Algérie, au moment de la conquête française. Le domaine public à personne. Le domaine de l'Etat au seigneur. La terre morte à tout le monde, sauf la jouissance traditionnelle; la terre vivante, propriété privée d'individus ou de collectivités. Tout de suite, dès 1830, nous réservâmes le domaine public ; nous substituant au seigneur turc, nous prîmes le domaine de l'Etat; plus tard, nous restreignîmes la terre morte et, la partageant, nous y introduisîmes la propriété; de tout temps, nous avons respecté et garanti, comme légalement appropriée, la terre cultivée, ou irriguée, ou bâtie, la terre vivante.

De 1830 à 1863, il y eut dans notre doctrine et

notre législation sur ce sujet bien des obscurités et des hésitations. Au fond, on ne savait guère ce qu'était la terre en Algérie, ni à qui, en dehors des parcelles vivifiées, en dehors de la Kabylie et des peuplades berbères détachées en pays arabe, elle appartenait réellement.

L'ordonnance de 1844 et la loi de 1851 font foi de cette incertitude. Dans la pratique, on reconnaissait, en prenant pour base la contribution payée sous le gouvernement turc, trois catégories de terre : deux sur lesquelles il n'y avait pas de doutes : les *melk, melki*, le mien, ce qui est à moi. C'est la terre vivante. Les *azels*, fiefs qui payaient une redevance, le *hokkor*, et dont les détenteurs n'étaient évidemment que des fermiers.

Quant à la troisième classe, qu'on baptise du nom de *arch*, tribu, terre de tribu, la question restait indécise de savoir si les tribus en avaient la propriété ou n'en avaient que la jouissance.

Le sénatus-consulte du 22 avril 1863 vint déclarer les tribus de l'Algérie « propriétaires des territoires dont elles ont la jouissance permanente et traditionnelle à quelque titre que ce soit ».

On le voit, le sénatus-consulte ne disait pas

qu'auparavant les tribus fussent propriétaires : loin de là, il paraissait admettre le contraire, et Napoléon III l'avait laissé entendre dans sa lettre au maréchal Pélissier : « *Quand même la justice ne le commanderait pas,* il me semble indispensable pour le repos et la prospérité de l'Algérie, de consolider la propriété entre les mains de ceux qui la détiennent. »

Quoi qu'il en soit, si la tribu était propriétaire, le sénatus-consulte de 1863 consacrait sa propriété ; si la propriété de tribu, si la terre *arch* n'existait pas, il la créait. Une discussion à cet égard ne saurait avoir d'autre intérêt qu'un intérêt rétrospectif.

Supposez que les terres, qu'on a appelées terres *arch,* fussent au beylik, au seigneur, à l'Etat, l'Etat avait le droit de les donner en concession perpétuelle, de les donner comme il voulait et à qui il voulait. Dans cette hypothèse même, les tribus, qu'elles aient été ou non propriétaires avant le sénatus-consulte de 1863, le sont irrévocablement depuis le sénatus-consulte. C'est un acte du souverain qui ne peut être annulé par aucun autre acte, sans confiscation, sans spoliation.

On est peut-être en droit de regretter que Napoléon III ait, sous l'empire d'un rêve de « royaume arabe », rompu avec le système des cantonnements, avec ce système dont l'esprit était : les tribus occupent des territoires hors de proportion avec leurs besoins ; transigeons ; enlevons-leur le superflu ; en échange, d'usufruitières qu'elles étaient, nous les rendrons propriétaires du reste. Mais ce qui est fait est fait. Il n'y a pas à y revenir.

Aux termes du sénatus-consulte, on procède, depuis 1863, à la délimitation des tribus et des douars ou fractions de tribu. Le sénatus-consulte laissait pourtant à la propriété son caractère musulman, quelques-uns disent qu'il l'accentuait et qu'il est plus arabe que les Arabes. La loi de 1873 donne à la propriété le caractère qu'elle a chez nous. Non seulement pour la terre *melk*, forme de propriété qui, sauf plus d'indivision, est semblable à la nôtre, mais aussi pour cette terre *arch*, propriété collective, propriété de tribu, reconnue ou créée par le sénatus-consulte.

De là, deux sortes d'opérations : en terre *melk*, constatation de la propriété privée, en pays *arch*, constitution de cette propriété.

En territoire *arch*, les agents qui appliquent le sénatus-consulte passent d'abord et disent : Telle tribu a la jouissance traditionnelle de ceci ou de cela ; ceci est à elle ; elle est divisée en tant de douars. Après arrivent les agents qui appliquent la loi de 1873, et ils disent : Dans tel douar, tel individu (ou telle famille, car l'unité est plutôt la famille), telle famille a la jouissance traditionnelle de ceci ; ceci désormais est à elle. Et l'on délivre des titres de propriété.

C'est-à-dire que la propriété de tribu ou propriété *arch* est purement de transition et destinée à disparaître.

Il y aura alors, en Algérie :

1° Des terres *melk* en territoire primitivement *melk* (propriétés privées en territoire de propriété privée) ;

2° Des terres *melk* en pays précédemment *arch* (propriétés privées en territoires de tribu, la collectivité étant bornée à la famille, dans le sens le plus restreint du mot) ;

3° Des communaux de village ou de tribu, terres collectives d'usage ou de parcours ;

4° Le domaine de l'Etat ;

5° Le domaine public.

Le domaine public est inaliénable ; le domaine de l'Etat peut être ou concédé gratuitement, ou aliéné par contrat onéreux, ou affermé ; les communaux de village ou de tribu sont réservés, retirés, pour ainsi dire, de la circulation ; les terres *melk*, sans distinction d'origine, sont libres, mobilisables, susceptibles de toutes les transactions, et le deviendront de plus en plus à mesure que la propriété sera mieux assise, mieux établie.

La colonisation a par conséquent pour fonds, pour matière première ces terres *melk*, vendues et achetées, et le domaine de l'Etat.

Le domaine de l'Etat, formé de l'ancien beylik turc et des terres séquestrées pour cause d'insurrection, diminue de jour en jour, réduit autrefois par des concessions gratuites, à présent par des ventes. D'autre part, la somme de la terre qui peut être valablement vendue et sûrement achetée augmente et ne fera qu'augmenter.

C'est cette terre *melk*, c'est la propriété privée, indigène ou européenne, qui, le domaine de l'Etat s'épuisant, deviendra en se transmettant, en changeant de mains, en circulant, la matière première de la colonisation.

Or, la propriété privée étant et tendant à être dans l'avenir la matière première de la colonisation, il en ressort naturellement cette conclusion que dans l'avenir la colonisation devra se faire par l'initiative privée. L'Etat, n'ayant plus rien, ne pourra plus rien donner. La terre à vendre ne manquant pas, l'individu devra l'acheter.

CHAPITRE II.

LE FONDS DE COLONISATION.

La terre *melk*, la propriété privée, de plus en plus rapprochée de la propriété française, de plus en plus modelée sur elle, mise dans le commerce, dans la circulation, rendue mobile, voilà, nous l'avons dit, quelle sera par la force des choses la matière première, quel sera le fonds de la colonisation dans l'avenir, colonisation qui devra se faire par initiative privée, matière première qu'il faudra acheter.

On a vu que la loi de 1873 prescrit de *constater* la propriété privée en territoire originairement *melk* et de la constituer dans le pays dénommé *arch* par le sénatus-consulte de 1863. Les opérations sont commencées et se poursuivent par les soins de commissaires enquêteurs. Ces commissaires ont entre les mains de grands pouvoirs, un grand pouvoir : ils font l'attribution de la propriété. D'après quelles règles jugent-ils ?

Parfois, en territoire *melk*, il y a d'anciens titres ; mais le plus souvent il n'y en a pas. Il faut alors s'en rapporter à la tradition, au témoignage, à la notoriété publique. Qui a cultivé cette terre ? Depuis combien d'années la cultive-t-il ? En pays *arch*, on ne procède guère différemment. Quelle famille jouit de ce terrain ? Comment en jouit-elle ? C'est toujours le principe de la vivification.

Cette constatation, cette constitution de la propriété privée sont entourées de garanties : la publicité, l'appel des intéressés, l'audition de la *djemaa* ou réunion des notables, le dépôt des registres, la faculté de protester, le recours aux tribunaux ou à l'autorité supérieure, suivant les cas, l'homologation par le conseil de gouvernement, pour les territoires classés *arch*.

Les indigènes sont suffisamment protégés contre les erreurs des agents qui exécutent la loi de 1873. Mais ces agents eux-mêmes ont-ils suffisamment le moyen de se garder et des causes d'erreur et des fausses déclarations, des ruses, des fraudes des indigènes ?

Tout le monde est d'accord sur ce point qu'il est beaucoup plus facile de constituer la propriété privée en territoire de tribu que de la constater en pays *melk*. S'il n'y avait à poser que cette seule question, la première, la principale : Qui cultive ? la besogne irait assez vite. Un Kabyle dit : « Ceci est à moi »; les autres sont présents et ne contestent pas : il y a présomption de vérité et de droit. Si l'unité de propriété était la propriété individuelle, il serait relativement simple de rédiger les certificats.

Mais, la plupart du temps, la terre, même en territoire *melk*, reste dans l'indivision, et l'indivision s'étend aux plus petites parcelles. On se heurte aux complications, aux combinaisons de la succession musulmane. Ceci est à un tel, et à ses frères, et à ses oncles. En Kabylie, les femmes étaient exclues de l'héritage, contrairement, du reste, à la loi koranique. Mais ailleurs, où les filles reçoivent la moitié de ce que reçoivent les garçons, où les mères et grand'mères héritent en des proportions variables, où les femmes ont tantôt un tiers et tantôt trois cinquièmes ou cinq huitièmes, selon qu'elles ont plus ou moins de deux enfants, voyez ce que la difficulté peut devenir. Et elle augmentera en raison inverse de l'importance du bien hérité.

Ce bien peut être, il est très fréquemment minime. Autant que possible, les agents poussent au partage et tentent de créer vraiment la propriété individuelle. Mais il est une limite où il faut s'arrêter. Lorsque les héritiers sont trop nombreux et que l'héritage est trop mince, on risque de trouver des quotes-parts qui soient justement égales à zéro. Aussi les instructions données aux commissaires leur recommandent-elles de ne jamais prendre comme dénominateur pour leurs calculs une fraction au-dessous du dix-millième. Que seraient vingt dix-millièmes de deux ares, de cinq ares ou de huit ares? Partagés, ce ne serait rien ; dans l'indivision, c'est l'illusion, l'apparence de quelque chose. On inscrit comme propriétaires de cinq ares ou de huit ares les fils, frères, oncles, ascendants des deux sexes ; ils s'arrangent ensuite comme ils peuvent.

Ainsi, un obstacle réel à l'introduction, à la généralisation de la propriété individuelle en Algérie, c'est la succession musulmane. Pendant que l'on procède au travail, elle est une source inépuisable d'embarras ; elle est, le travail achevé, une perpétuelle menace de nullité. Mais que faire? Comme elle est réglée par le Koran, comme elle est en quelque sorte d'institution religieuse, comme nous avons solennellement promis de respecter la religion des indigènes, nous ne pouvons pas y toucher. Nous sommes, par suite, obligés, dans la constatation et la constitution de la propriété privée, de nous arrêter à un certain point. Nous le faisons volontairement en pays *arch*; les faits nous y contraignent en territoire *melk*. Il est bon, il est nécessaire de rapprocher dans la mesure permise la propriété indigène de la propriété française ; il serait chimérique, inutile, de prétendre à l'assimilation complète.

L'unité de la propriété en Algérie, ce n'est point la propriété individuelle, c'est la propriété familiale. En ce lieu, en ce moyen terme, la propriété de famille, se rencontrent et se joignent la terre *melk* par l'indivision et la terre *arch* par la jouissance collective.

Toutes ces complications de la succession musulmane, qui sont et demeurent un obstacle à la constitution de la propriété individuelle, s'opposent en même temps, évidemment, à la parfaite mobilisation de la terre.

On vient de dire comment est possédée la terre, par la famille en collectivité, par la famille dans l'indivision, plus rarement par l'individu. L'individu est maître absolu de son bien; il le garde, le cède ou le perd à sa fantaisie. Pour l'indivision, le Code civil dit que nul n'est tenu d'y rester. Sans doute, on pourrait conclure de là que nul, non plus, n'est tenu d'en sortir. Mais c'est une subtilité qui ne résiste pas devant les faits. En fait, surtout dans un pays de pauvres, surtout quand il s'agit d'une petite parcelle, on sort presque toujours de l'indivision, et de quelle manière? Par la vente. Il se trouve un cohéritier à court d'argent qui presse les autres de partager et qui, au besoin, les y force.

L'indivision n'est donc pas un obstacle insurmontable à la mobilisation, à la mise en circulation de la terre.

Il y en a, ou plutôt il y en avait d'autres, car la loi de 1873, excellente en cela, les a fait disparaître ou les a atténuées. La loi musulmane continue d'être le statut personnel des indigènes, mais la propriété est régie par la loi française. La loi française a défini, réglé et astreint ces habous, par lesquels, tout en s'en réservant le revenu, on affectait la nue propriété de la terre à une fondation pieuse, à Médine, à la Mecque, à une œuvre charitable, — ces habous dont le but était souvent, sous le gouvernement turc, de mettre les biens à l'abri de la confiscation, et l'effet, de changer en mainmorte le quart de la superficie de l'Algérie.

La terre *melk*, par la loi de 1873, a été singulièrement mobilisée. Elle a été dégrevée des servitudes qui pesaient sur elle.

J'évite, pour ne pas compliquer à l'excès, de parler longuement de la *rahnia*. La *rahnia*, c'est l'antichrèse. Un indigène empruntait une certaine somme ; le prêteur recevait la terre et la détenait en gage. Mais la propriété ne cessait pas d'appartenir au débiteur ; il retrouvait sa terre libre le jour où il voulait ou pouvait s'acquitter, et il le pouvait toujours sans délai de remboursement.

Au regard du tiers, de l'acheteur européen, qu'est-ce que la *rahnia* ? Une hypothèque dont on se débarrasse comme des autres, qui n'empêche ni de vendre ni d'acheter et qu'on purge légalement dans les formes (article 3 de la loi de 1873). La *rahnia* n'est pas et n'a jamais été un obstacle à la vente ;

elle a été, au contraire, en beaucoup d'occasions, une vente déguisée par emprunts successifs; mais on n'a pas à l'expliquer ici.

Il suffit de dire que ceux qui, dans une phrase restée célèbre, ont comparé l'Algérie à l'Irlande, ne savaient peut-être pas, eux-mêmes, quelle vérité juridique et historique ils énonçaient. La terre d'Algérie a plié et cédé sous le poids de la *rahnia*, comme la terre d'Irlande sous le fardeau de l'hypothèque. Quand on a constaté la propriété privée en Algérie, on a à chaque pas rencontré la *rahnia*. C'est par la *rahnia* que quelques familles, comme celle des Hachemi, détenaient une si grande quantité de terres. Les chefs de la tribu arabe étaient, comme les chefs de la tribu irlandaise, devenus les détenteurs du sol; mais la comparaison ne va pas plus loin. Nous n'avons pas, lors de la conquête, substitué des landlords français aux chefs indigènes, dans le bénéfice de l'hypothèque.

Là doit s'arrêter cette trop sèche et trop rapide esquisse de la propriété en Algérie. Il n'est pas de question plus confuse, plus épineuse. On ne l'a guère étudiée jusqu'ici que comme les Arabes labourent, en faisant le tour des buissons plutôt que de les arracher. Il eût fallu écarter les broussailles pour saisir l'âme de la terre, si l'on nous passe cette image.

L'âme de la terre, l'esprit de la propriété musulmane, c'est la vivification. La vivification crée le mien et le tien, le *melk*, comme dans le droit germanique, comme dans tout l'ancien droit. A côté du mien et du tien, du *melk*, il y a les communaux, le communal de village, comme il y avait la *Markgenossenschaft* dans le *pagus*, dans le *gau* germanique. Le reste était le *beylik*, le domaine.

Au point de vue qui nous intéresse, considérant la terre comme matière première de la colonisation, qu'y a-t-il à retenir? Deux choses : 1° le domaine de l'Etat s'épuise, on ne peut plus compter sur des concessions; *il faudra* acheter des terres *melk*; 2° *il est possible*, et de plus en plus *il deviendra possible* d'acheter des terres *melk*.

Qu'il y ait des inconvénients, des obstacles même, qui le nie? Mais aucun de ces obstacles n'est de taille à arrêter une volonté énergique ou seulement une bonne volonté.

Il y a l'extrême division de la propriété; mais est-ce que, dans certaines de nos provinces de

France, la terre n'est pas très morcelée, sans que ce morcellement empêche ou de vendre ou d'acheter? D'un autre côté, est-ce que les *melk*, en pays *arch*, n'ont pas, en moyenne, douze à quinze hectares?

Il y a l'indivision de la propriété ; mais, si l'on ne veut acheter qu'une part de la propriété indivise, ne peut-on pas se la faire mesurer, et n'est-ce pas précisément le coin par lequel on pénétrera dans la terre *melk?* Si l'on veut acheter le tout, ne peut-on réunir devant le notaire ou le cadi tous les copropriétaires, et, pour plus de sûreté, s'appuyer sur les déclarations des notables? Je crois qu'on le peut, parce que je l'ai vu faire.

On objectera le cas où il y a deux à trois cents ayants droit ; mais c'est, on l'avouera, l'exception.

On objectera l'isolement au milieu des indigènes. Cet isolement durera-t-il longtemps et n'y a-t-il pas de moyens de procurer aux colons la sécurité?

On objectera les complications de la succession musulmane et les incertitudes du droit.

On dit qu'il y a des exemples de titres français de propriété annulés par des titres antérieurs ; n'est-ce pas aussi une exception? Et, pour peu que les agents s'abstiennent de vouloir la perfection, ces incertitudes qu'on redoute ne se dissiperont-elles pas ? Que les commissaires enquêteurs mettent le droit d'accord avec le fait, prennent pour unité de propriété non point l'individu, mais la famille, la famille étroite, présente, résidant ; au lieu d'acheter à un tel, on achètera à telle famille.

On prétendra qu'on ne peut savoir exactement ni ce qu'est la propriété, ni qui est propriétaire. En vérité, ne peut-on déjà le savoir et, par l'application intelligente de la loi de 1873, ne le saura-t-on pas de mieux en mieux ?

On tirera prétexte, enfin, de la mauvaise foi des Arabes, de la foi punique. En effet, les Arabes et plus encore les Kabyles sont menteurs et roués dans leurs marchés. Ils ne se feraient pas scrupule de vendre deux ou trois fois le même champ ou les mêmes arbres. Je le sais, je l'ai vu. Mais ne peut-on prendre quelques précautions et, notamment, faire dresser un acte ? Sommes-nous si innocents, nous autres, que nous ne puissions nous défendre ?

Et n'y a-t-il, après tout, que de la terre *melk* indigène ? N'y a-t-il pas des propriétés privées européennes, provenant de concessions ou d'achats, et ces propriétés sont-elles immobilisées ? Ne meurt-il personne, ne s'en va-t-il personne, ne se ruine-t-il personne ? Personne ne se rapatrie-t-il ou ne cède-t-il sa ferme après fortune faite ? Toutes les causes de mutation, bonnes ou mauvaises, heureuses ou malheureuses, qui rejettent, en tout pays, à tout moment, les terres dans la circulation, n'agissent-elles pas en Algérie ? A-t-on partagé pour l'éternité une surface immuable et ne reste-t-il qu'à désespérer, à celui qui n'a pas reçu une tranche du royal morceau ?

Faisons la récapitulation de la matière première disponible : terres *melk* indigènes, propriétés privées européennes, dans la région la plus propre, la seule propre à la colonisation, dans le Tell. Domaine de l'Etat formé du beylik turc, des divers séquestres et des biens déclarés vacants au cours des opérations de constatation ou de constitution de la propriété.

Il y a des gens qui voudraient voir abroger le sénatus-consulte, étendre la vacance des biens dévolus à l'État, s'arrondir pour leurs appétits et se renouveler le domaine au mépris d'une justice que nous avons faite nous-mêmes, mais qui n'en est que davantage pour nous et à tout jamais la justice.

Pourrait-on les suivre en cela, sans une espèce de banqueroute morale, qu'il n'y aurait, à le faire, aucune nécessité. Comme l'a dit le fabuliste, c'est le fonds qui manque le moins. J'ai honte de cet à-peu-près, mais la formule a le mérite de la brièveté. Si les fonds ne manquent pas au colon, le fonds n'est pas près de manquer à la colonisation, en Algérie.

CHAPITRE III.

LA COLONISATION ALGÉRIENNE. — HISTOIRE ET PHILOSOPHIE.

Nous avons dit quelle serait à l'avenir, suivant nous, la matière première, quel serait le fonds de la colonisation en Algérie. Cette matière première nécessaire, la terre, c'est la propriété privée européenne, ce sont les melks indigènes qui, de plus en plus mobilisés, la fourniront. On croit avoir démontré que fatalement, par la force des choses, il en devra être ainsi et, d'autre part, que nul obstacle insurmontable ne s'oppose à ce qu'il en puisse être ainsi. De cette vérité acquise il découle une conséquence logique, la suivante : A l'avenir, la colonisation pourra se faire et devra se faire par l'initiative privée.

Qu'est-ce à dire ?

Tous les modes, toutes les formes de la colonisation peuvent se ramener à deux : la colonisation officielle, qui est une affaire d'Etat, et la colonisation sans épithète, qui est une entreprise particulière.

Dans le premier cas, l'Etat est marchand de terres ou distributeur de terres. Etant cela, il est du même coup entrepreneur de constructions. Etant l'un et l'autre, il devient bailleur d'argent. Etant à ce point paternel, il est dupe. Lassé d'être dupe, il risque de devenir larron. En effet, il donne ou concède toutes les terres qu'il a. Lorsqu'il n'en a plus, on lui en demande encore. Mais il a épuisé le beylik et le séquestre. Il cherche, car il faut qu'il trouve. Il élargit à son profit les dévolutions de biens vacants ; il exproprie sans qu'il y ait vraiment utilité publique. Injustice dans l'incorporation des terres au domaine.

L'Etat est harcelé de sollicitations ; il ne sait auquel entendre. Oh! la belle plaine! Oh! le beau coteau pour la vigne!

— Monsieur, je suis bâtard de votre apothicaire!

Voici un Alsacien-Lorrain. Voici un ancien militaire. Voici le cousin d'un député. Voici des personnages respectables ou redoutables. Qu'est-ce qui décidera? L'intrigue. Injustice dans la répartition des terres du domaine. Pour le moment, toute autre considération est superflue. Par la manière dont il se procure la terre, par la manière dont il la distribue, l'Etat sort de son rôle, il manque son but et va contre sa fin : la justice.

Dans le second cas, l'Etat n'est rien que spectateur bienveillant. Il n'est rien que gardien du droit, de tous les droits. Il n'est ni marchand, ni distributeur de terres. Il n'est ni maçon, ni banquier. Il n'est paternel que d'une paternité lointaine et universelle. De même qu'il proclame et conserve tous les droits, il encourage tous les efforts. Mais il les encourage de haut. Il est indifférent entre les citoyens. Il ne connaît ni cousins de sénateurs, ni clients de députés.

Il n'est pas dupe ; il n'est pas larron. Il ne protège le travail qu'en lui donnant la paix et l'ordre ; il ne s'occupe de la propriété que pour la garantir. Il n'a pas besoin qu'on le flatte ou qu'on le vante; il ne s'émeut pas si l'on récrimine. Il n'enrichit et n'appauvrit personne. Il ne dote personne, il ne dépouille personne. Il ne nourrit personne, il n'affame personne.

Il n'est pas exposé aux tentations et à leurs suites ; il ne fait ni de bonnes, ni de mauvaises affaires ; il ne fait point d'affaires. Chacun, dans l'Etat, peut tenter ce qu'il veut, exécute ce qu'il peut. Il regarde gagner et perdre et ne bouge pas. Il sait que, dans la fortune publique, c'est le mouvement qui prouve et entretient la vie. Ce n'est pas lui qui récompense par le succès et qui punit par la ruine. Il veille seulement à ce qu'il n'y ait, dans le succès ou la ruine, ni fraudes ni violences. Il se moque qu'on l'aime ou qu'on ne l'aime pas. Quand on aime l'Etat, c'est qu'il est faible ou partial. Il est meilleur qu'excellent, puisqu'il demeure dans son rôle et remplit sa mission, puisqu'il est quelque chose de neutre, de commun, quelque chose ou quelqu'un de juste.

Dans le premier cas, l'Etat ayant tous les moyens et ne devant pas un service plutôt que l'autre, doit en somme tous les services. Dans le deuxième cas, il n'est tenu qu'en proportion de ses moyens ; ses moyens étant limités, ses services sont définis. L'Etat a le domaine public, les routes, les fleuves, etc. Il doit une viabilité convenable. Il fait la loi, il a la force. Il gouverne et il administre ; il est préfet, soldat, juge et gendarme. Dans un intérêt général, on peut admettre qu'il soit ingénieur et, à la rigueur, forestier. On ne peut admettre qu'il soit colon ou entrepreneur de colonisation, ce qui revient à dire spéculateur.

Or, il y a pour l'Etat plusieurs manières d'être entrepreneur de colonisation, et, dans ces diverses manières de l'être, divers degrés : 1° l'Etat se charge de l'entreprise complète, il détient le sol et l'exploite directement ; 2° l'Etat conserve la propriété du sol, mais il laisse aux particuliers le soin de le cultiver ; 3° l'Etat abandonne à la fois la propriété et l'exploitation, mais il se charge de faire le premier fonds de l'entreprise, en fournissant la terre, l'habitation, les instruments aratoires, ou l'un seulement de ces trois éléments de colonisation.

La moins défectueuse de ces différentes manières ne vaut rien. Elles ne valent rien, par la raison toute simple que, la colonisation n'étant pas une fonction naturelle de l'Etat, il n'y a pas, dans l'organisme de l'Etat, d'organe spécial apte à remplir utilement cette fonction. Si, d'aventure, l'on tient absolument à ce que l'Etat colonise lui-même, il faut, au préalable, permettre et exiger de lui qu'il s'organise pour cet objet. Jusqu'à présent, il n'est organisé ni pour exploiter en régie, ni pour louer à des conditions équitables, ni pour donner en suffisante connaissance de cause.

Ce dernier système, donner, paraît évidemment assez facile, si facile que, depuis la conquête, c'est à lui qu'on s'est arrêté. Mais, en y regardant de plus près, on verra qu'il n'est pas, lui non plus, sans inconvénients. De même qu'il y a pour l'Etat plusieurs manières d'entreprendre la colonisation, il y a aussi plusieurs manières de donner. A vrai dire, l'Etat a autant de manières de donner que Panurge en avait de prendre; la plus honnête est par grâce et faveur subtilement faite. Il me semble qu'on doit ici considérer la qualité de celui qui donne, la qualité de la chose donnée, la qualité de celui qui reçoit.

Celui qui donne, c'est l'Etat. Un préjugé très répandu, c'est que ce qui est à l'Etat n'est à personne, et que ce que l'Etat donne ne coûte rien. Par conséquent, vis-à-vis de lui, point n'est besoin de borner ses désirs. Il donne la terre, on lui demande la maison ; il donne la maison, on lui demande le bétail ; il donne le bétail, on lui demande la nourriture. Au bout de trois ans ou de cinq ans, il se lasse ou se relâche ; alors on se croise les bras, quand on est calme, et, quand on ne l'est pas, on maudit l'Etat. Est-ce qu'il ne vous a pas attiré, alléché par l'appât de sa générosité ? Est-ce qu'on serait venu sans cela ? Est-ce qu'on voulait venir ? Est-ce qu'il est possible de rester ?

La chose donnée, c'est une terre conquise ou des terres séquestrées. N'en découle-t-il pas, pour la majorité, que, si le domaine s'épuise, il n'y a qu'à l'alimenter, qu'à faire une nouvelle conquête, ou de nouveaux séquestres, ou de nouvelles dévolutions ? Mais les terres séquestrées le sont sur quelqu'un, et ce quelqu'un en conserve du ressentiment ; les terres concédées ne peuvent l'être qu'à un seul, et tous les autres en conçoivent du dépit. Ceux qui reçoivent...

Au fait, ceux qui ont reçu, ce furent, au début de l'occupation, des militaires. Le maréchal Bugeaud inventa une formule latine et la prit pour devise : *Ense et aratro*. Il inventa ou renouvela des Romains la colonisation par les troupes. Et comme il lui fallait peupler le pays d'Européens, il maria ses vétérans. Il fit demander à Marseille des filles de bonne volonté. Une escouade partit. On se vit, on se choisit, chacun revint avec sa chacune. Le maréchal fournit la dot. On affirme que ces ménages ont, pour la plupart, mal tourné.

D'autres vieux soldats libérés s'établirent en Algérie ; l'Etat construisit des villages, des centres, et détermina ce qui fut pompeusement et géométriquement appelé des périmètres de colonisation. Mais tous ces braves s'entendaient mieux à manier le fusil que la bêche. Ils avaient trop participé à la conquête pour ne pas se regarder comme des conquérants. Ils crurent travailler assez en faisant travailler les Arabes. Je ne les accuse pas, sentant bien que ce n'était pas leur faute, que le shako leur avait fait la tête sur ce modèle, et qu'ils ne purent même pas passer à se comporter autrement.

Mais, en 1848, survinrent les ouvriers parisiens, qui n'étaient pas des militaires, qui n'étaient pas des conquérants. L'Algérie devait être un pays de cocagne. Il y eut bientôt de tout en Algérie, excepté des paysans et des laboureurs authentiques. Ce qui est très clair dans cette histoire, c'est que le décret du 19 septembre 1848 et la loi du 19 mai 1849 ouvrirent pour la fondation de colonies agricoles en Algérie, au profit de ces mêmes ouvriers, un crédit des plus importants.

L'Empire, on s'en souvient, eut sur la colonisation algérienne des idées successives et contradictoires. Il ne répudia nullement le régime des concessions, mais il les fit plus volontiers en bloc. C'est ainsi que, le 12 juillet 1865, une loi approuva « une convention passée entre le ministre de la guerre et une société financière, dite Société algérienne ». Dans l'espèce, l'Etat ne concédait plus gratuitement, il consentait une sorte de vente.

Quoi qu'il en soit, à force de concessions gratuites ou onéreuses, ou plus ou moins onéreuses, ou plus ou moins gratuites, il ne restait, avant 1871, dans le domaine de l'Etat, en Algérie, presque plus de terres pour la colonisation. A quelque chose malheur servit. L'insurrection et le séquestre qui la réprima mirent aux mains du gouverneur de grands et riches territoires (300,000 hectares environ dans la Kabylie seule) et cinquante millions d'indemnité de guerre. Puisque, aussi bien, ils ne sont plus et que, peut-être contraint par la pénurie, peut-être instruit par l'expérience, l'Etat semble avoir renoncé à pratiquer la concession gratuite, nous ne voulons pas rechercher comment ils ont été attribués ou s'ils n'ont pas été dépensés à peu près vainement. Il vaut mieux faire, dès maintenant, une remarque qui éclairera tout le sujet.

De 1830 à 1871, l'Etat qui a donné n'a pu choisir ceux à qui il donnait. Ils lui ont été imposés par les circonstances ou les événements politiques. Sous la monarchie de Juillet, des soldats, parce que des soldats seuls osaient se contenter d'aussi peu de sécurité ; en 1849, des ouvriers parisiens, parce qu'il fallait débarrasser la métropole d'un ferment de trouble et de révolution ; après 1871, des Alsaciens-Lorrains, que leur infortune rendait sacrés, envers lesquels une patriotique tendresse était la seule règle et qui, étant Alsaciens-Lorrains, avaient pour nous assez de droits à retrouver en Algérie un peu de la terre française perdue dans les provinces annexées.

Mais aujourd'hui l'Algérie est relativement sûre ; il y a encore une émigration, mais non un exode d'Alsaciens-Lorrains ; il n'y a plus d'ateliers nationaux à pourvoir de propriétés. Les circonstances, les événements ne pèsent plus sur nous. Nous avons repris notre pleine liberté et nous sommes, pour l'avenir, maîtres de mener à bien l'œuvre de la colonisation, par la méthode que nous jugerons la meilleure, avec les éléments que nous jugerons les meilleurs, en dehors de toute influence étrangère et de toute ingérence de la politique.

Je crois que, par un premier côté, nous entrons dans le vif, nous touchons le fond de la question algérienne ; nous le toucherons plus tard par d'autres côtés, nous le toucherons par tous les côtés. Le mal invétéré, la plaie secrète, le véritable fléau de l'Algérie, c'est la politique, ou, pour être plus net, c'est qu'on l'a trop « politiquée ».

On l'a peuplée par la politique, on l'a administrée par la politique, distribuée par la politique, outillée par la politique.

Il va sans dire que je ne vise personnellement qui que ce soit, que je fais toutes exceptions et réserves et que, aux termes de la définition classique, toute cette philosophie de la colonisation ne traite que du très général. Mais j'espère démontrer, en m'appuyant sur des exemples, qu'entre les motifs qui commandent à l'Etat de ne plus donner de terres en Algérie, d'en vendre le moins qu'il pourra, de se faire le moins qu'il pourra entrepreneur de colonisation, de se renfermer sévèrement dans son rôle et d'avoir constamment pour unique loi, pour unique but, pour unique souci, la justice, il y a, en avant et au-dessus de tous les autres, ce motif, qu'on a déplorablement « politiqué » un pays neuf, où la politique et ses coteries, et ses marchandages, et ses divisions n'eussent jamais dû pénétrer.

CHAPITRE IV.

COLONISATION OFFICIELLE. — INITIATIVE PRIVÉE.

Des diverses manières de se faire entrepreneurs de colonisation entre lesquelles peuvent choisir les Etats, l'Etat français, en Algérie, a préféré les deux suivantes : 1° Il a donné, à de certaines conditions, des concessions gratuites, joignant parfois d'autres secours à la concession de la terre ; 2° Il a créé, de ses deniers et par ses fonctionnaires, des villages pour les colons, des centres de colonisation.

Nous avons dit qu'en ces dernières années, soit qu'il n'ait plus voulu, soit qu'il n'ait plus eu le moyen de persévérer dans cet ancien errement, l'Etat avait à peu près renoncé au système de la concession gratuite. Il a procédé par des ventes : adjudications aux enchères ou ventes à prix fixe. Mais la création de centres, fort en honneur dès le début de l'occupation, si chère au maréchal Bugeaud que, de 1841 à 1845, on voit naître vingt-six villages dans la Mitidja seule, cette forme de la colonisation d'Etat est aussi honorée, aussi pratiquée que jamais.

Il n'est point de rapport annuel du gouverneur, point de recueil des procès-verbaux du conseil supérieur où l'on ne s'enorgueillisse de sept, huit ou dix villages créés dans le précédent exercice.

Je dénonce hautement à ce sujet un mensonge de la statistique.

Il est parfaitement exact que les agents voyers de l'Etat ont construit sept, huit ou dix rubans de route, et les architectes de l'Etat, sept, huit ou dix écoles, sept, huit ou dix églises, sept, huit ou dix fortins, sept, huit ou dix lavoirs couverts. Il est très vrai qu'en sept, huit ou dix endroits on a posé des conduites d'eau, nivelé du terrain et remué des pierres. On a mis là, l'Etat a fait tomber du ciel les choses nécessaires à la vie, même à la vie civilisée, même à la vie municipale, car il s'entend de reste que, dans l'école, il y a une salle pour la mairie. — Mais la vie, où est-elle ?

On doit se garder de toute exagération, et ce serait exagérer que de prétendre qu'aucun de ces centres n'a prospéré. Il y en a, au contraire, et beaucoup, de ceux créés à l'origine, qui se sont accrus, développés, et qui, de villages, sont devenus des villes. Il y en a, et beaucoup, de ceux plus récemment créés, qui s'affirment et qui, désormais, peuvent compter pour sauvés, pour fondés. On connaît des villages, comme Margueritte, pour ne citer que celui-là, où l'hectare de terre a pu se vendre 400 francs.

Mais il y en a quand même, et en trop grand nombre, qui dépérissent et s'usent, désolés et presque déserts, avec leur église, leur école, leur fortin et leur lavoir d'aspect coquet et les belles lettres moulées qu'on a inscrites sur les murs. On en peut voir qui ont tout auprès, tout autour, une ceinture de tentes ou de gourbis; les seules manifestations de vie qui y frappent les yeux et les oreilles, ce sont des femmes arabes allant à la fontaine, toutes droites et cambrées, avec leurs cruches de grès rouge sur la tête, ou les aboiements furieux des grands lévriers indigènes, hurlant à l'intrus qui trouble en passant le sommeil de leurs maîtres.

L'Etat a pris cependant toutes les précautions.

L'administration a procédé sagement, suivant les règlements, ordonnances, circulaires, d'après les lois et coutumes de France. D'abord une commission s'assemble, qui fait des propositions : c'est la commission locale. Puis une seconde commission se transporte sur les lieux : c'est la commission d'arrondissement, qui examine, discute et rejette ou ratifie. Elle est irréprochablement composée de toutes les compétences : ingénieur, médecin, inspecteur des domaines, etc. Elle a, comme la commission du budget dans les Chambres, son rapporteur général et ses rapporteurs spéciaux, et leur travail, comme celui des rapporteurs du Parlement, est fort complet et fort bien fait.

J'ai lu un de ces mémoires qui ne traitait pas moins de douze points : Aperçu général. — Sécurité. — Influence politique. — Salubrité. — Propriété. — Situation qui sera faite aux indigènes par le prélèvement de leurs terres. — Voies de communication. — Eaux d'alimentation et d'irrigation. — Industrie. — Commerce. — Dépenses d'installation et d'acquisition de terres. — Conclusions.

Ce n'est pas tout. Le service topographique avait

annexé à ce rapport une carte détaillée où l'on voyait le futur village, correct et régulier, au milieu d'une quadruple zone. La première zone était celle des jardins ; la deuxième, celle des vignes, placées tout exprès à ce plan pour que du village même la surveillance fût facile ; la troisième zone était celle des labours ; la quatrième, celle des pâturages ou inversement.

Je vous défie de trouver quelque chose de plus logique, de plus satisfaisant pour l'esprit. Tout a été prévu, depuis A jusqu'à Z. Que faire de plus ? Comment améliorer encore la commission locale et la commission d'arrondissement ? Comment y introduire encore plus d'hommes d'expérience et de compétence ? Comment assurer à ses choix la force et la fécondité ? L'administration y perd toute sa science, et l'Etat y dépense vainement tout son pouvoir.

C'est que, vraiment, il n'y a rien à faire et, si l'on veut me permettre une comparaison audacieuse, c'est que le plus habile orthopédiste ne saurait faire pousser avec tous les tendons, tous les nerfs, tous les muscles, une jambe d'os et de chair. Il fabrique une jambe de bois, il l'articule de son mieux ; il en obtient l'apparence ou le geste de la fonction, et il a épuisé son art. Mais il n'y a que la nature qui produise un organisme naturel et la vie qui crée la vie. J'ajoute seulement un mot : la jambe articulée coûte cher; depuis celui qui taille le bois jusqu'à celui qui pose les ressorts, tout le monde se fait payer et gagne le plus qu'il peut.

La faute de l'Etat, en ce point, a été de vouloir remplacer la nature pour engendrer la vie : il a voulu la précéder, il ne devait, il ne pouvait que la suivre et la protéger.

Un village prospère ne se décrète pas; il naît par génération spontanée. Les circonstances physiques sont favorables : il y a de l'eau, de bonnes terres, une rivière, des routes dans les environs : un beau jour, on est tout étonné de trouver un petit hameau au bas d'une colline où il n'y avait rien.

Laissez grandir ce petit hameau ; si vous en avez le moyen, vous, Etat, aidez-le dans cette croissance. Reliez-le à ces routes; faites-y passer des canaux dérivés de cette rivière. Mais ne gaspillez pas votre argent qui est le nôtre et votre temps qui nous appartient à essayer, par la boussole et le compas, de déterminer dans une plaine toute nue la position des villes futures.

Ce n'est point votre affaire; vous vous en acquitteriez mal. Vous y emploieriez en pure perte de très honnêtes gens, très entendus dans leur métier. On ne manquera pas d'objecter : Mais si l'Etat ne se charge pas de créer des centres de colonisation, qui s'en chargera? Hommes de peu de foi, ayez confiance dans le premier venu. Il viendra bien quelqu'un, avec de la volonté et de l'initiative : tout ce qu'on vous demande, c'est de ne pas le combattre et de ne pas pousser l'Etat à le décourager.

Quel sera-t-il, le premier venu? Individu ou compagnie? N'importe qui, pourvu qu'il ait des capitaux, du jugement, de l'énergie et de la persévérance, pourvu que, individu ou compagnie, il commence par s'aider lui-même et substitue son propre mouvement à la lente et coûteuse impulsion de l'Etat.

Je sais un coin de l'Algérie où ce quelqu'un est venu, la tête pleine de projets et la bourse pleine d'argent. Il rêvait de fonder une école d'agriculture, une ferme-modèle. Il fonderait aussi un village, et il voulait que ce fût un village modèle.

Il ferait bâtir douze maisons pareilles à peu près

à celles des cités ouvrières de l'Alsace. Dans ces douze maisons, il installerait douze familles, mais comme il serait obligé de leur faire des avances, il se réservait de les choisir. L'Etat lui donnerait le terrain, un séquestre, pour le village et pour l'école ; quant à la ferme, il l'achetait : ce n'était pas une concession gratuite.

Ces trois fondations étaient étroitement unies, dans la pensée de leur auteur ; il lui fallait la ferme-modèle pour servir à l'école de vaste champ d'expériences, et le village pour fournir à la ferme des maîtres d'agriculture pratique et une main-d'œuvre moins primitive que la main-d'œuvre indigène.

Le conseil général eut, à propos de l'école qui devait être départementale, à s'occuper de l'ensemble de ces projets. Vous vous imaginez qu'il s'empressa d'accepter et de remercier ? Vous n'y êtes pas du tout. Il accepta l'école, approuva la ferme, mais repoussa cette création de village où l'Etat ne serait pour rien. Voici le texte de la délibération, qui est typique :

« En ce qui concerne la deuxième partie des propositions de M. X..., c'est-à-dire la rétrocession d'environ 700 hectares à des émigrants, votre troisième bureau ne croit pas devoir l'accepter.

« L'administration peut très bien procéder pour la création du village de... comme pour les autres ; elle a son personnel ; et le payement des 40,000 francs de M. X... pour l'achat de 400 hectares à..., lui permettrait de faire face aux premiers frais d'installation du village.

« D'autre part, nous ne *saurions admettre que les terres de... soient exclusivement réservées à des immigrants, alors que les fils de colons de..., de... et de la région attendent avec impatience la création du village de...,* où ils comptent obtenir des concessions qui leur permettront de rester à proximité des centres où ils ont vécu. »

Heureusement, le préfet et le gouvernement ont décidé de passer outre. Ils ont signé une convention avec M. X..., sous les conditions stipulées au décret du 30 septembre 1878, c'est-à-dire à condition que, sur les douze parts de colonisation faites dans le séquestre, il y en ait quatre données à des fils de colons. Mais il paraît que cela ne suffit pas au rapporteur du conseil général, et l'on ne s'en étonnera pas trop quand on saura que le séquestre de... est situé dans son canton et que « les fils de colons de..., de... et de la région » sont avant tout, pour lui, ses électeurs et les fils de ses électeurs.

Je dis que cet exemple est typique. Il montre à découvert l'esprit algérien, car il y a un esprit algérien, Extrême-Sud de l'esprit français. Considérer l'Algérie comme une terre promise à un peuple élu, qui est le peuple algérien, et se défendre contre tous autres, même contre les Français de France; être ainsi intraitable pour les concessions de terre comme pour les places, pour les fonctions publiques ; se garder *a priori* des nouveaux débarqués, et présumer, avant de les voir, qu'ils viennent solliciter de quelqu'un quelque chose... On me pardonnera ; je ne cache pas plus le mauvais que le bon... Par voie de conséquence, tout attribuer à l'Etat, tout attendre de l'Etat, tout exiger de l'Etat, et de l'Etat concret, visible en certaines personnes ; assiéger ces quelques personnes, en faire l'investissement, les enfermer dans les sept cercles infernaux de la camaraderie, de la propagande, de la clientèle électorale : tels sont les principaux traits du caractère, telle est l'ordinaire tactique du *struggle for life* algérien.

Oui, certainement, il se livre, dans ce pays neuf, un *struggle for life* acharné. Qui mangera ? On le verra bien. Mais qui sera mangé ? C'est l'Etat. Or, il ne faut pas que l'Etat soit mangé ; et pour qu'il ne soit pas mangé, il ne faut pas qu'il excite trop les convoitises. Voilà encore un motif péremptoire pour que la colonisation se fasse le plus possible par l'initiative privée.

Initiative privée de grandes compagnies, de puissants capitalistes, de simples particuliers, de petits producteurs de travail et d'épargne : il y a place pour tous les genres ; chacun est un facteur utile, et peut-être nécessaire, de la colonisation. Il suffit de lui faire donner le maximum de rendement et, en empêchant les frottements, d'éviter la déperdition de forces.

Est-ce à dire que l'Etat doit se désintéresser complètement de cette œuvre nationale ? En aucune façon : il doit au moins la justice, la sécurité, la viabilité. Il doit faire office de pondérateur et maintenir l'équilibre. Mais, cela fait, il faut qu'on ne lui demande plus rien ; et, pour qu'on ne lui demande rien, le plus sûr, c'est qu'il n'ait rien à donner.

CHAPITRE V.

FORMES DIVERSES DE L'INITIATIVE PRIVÉE.

« Initiative privée » ne signifie point absolument effort individuel. Nous nous bornons à opposer, d'une manière générale, cette idée et ce mot à l'idée d'intervention constante, d'action universelle de l'Etat.

L'initiative privée peut tout aussi bien s'exercer par des sociétés que par des individus. C'est en ce sens qu'à côté des petits producteurs de travail et d'épargne et de ce qu'on peut appeler le grand et le moyen capital, il nous semble qu'il y a pour les compagnies, pour les sociétés, une place toute marquée dans l'entreprise de la colonisation par initiative privée.

Que faut-il entendre par « sociétés ou compagnies de colonisation » ? Une définition sera d'autant moins superflue qu'on a beaucoup parlé, ces temps derniers, de colonisation et de compagnies auxquelles on donnerait des chartes, c'est-à-dire en faveur desquelles on reconstituerait des monopoles.

En ce qui concerne l'Algérie, pour diverses raisons, notamment pour des raisons d'ordre politique et parce que voilà soixante ans que nous y sommes, il ne saurait s'agir de ces compagnies-là. Il ne saurait s'agir d'y implanter une sorte de Compagnie des Indes, ayant gouvernement, armée et pavillon à elle. L'Algérie est trop réellement, comme on l'a dit, la projection, le prolongement de la France en Afrique, elle est trop l'autre rive de la Méditerranée, lac français, dans cette partie, du moins, pour qu'il y flotte un autre drapeau que celui de la France, avec la forte, séculaire et indissoluble unité nationale qu'il abrite et qu'il symbolise.

Tous les exemples tirés de pays étrangers, et notamment de l'Angleterre, ne prouveraient rien. L'Angleterre, en effet, n'a pas de colonies qui soient sa projection, son prolongement. Ni l'Angleterre qui a donné une charte privilégiée à la Compagnie du Niger, ni l'Allemagne qui a reconnu la Compagnie de l'Afrique orientale, n'ont une colonie avec laquelle elles soient, comme la

France avec l'Algérie, pour ainsi dire sans solution de continuité.

D'ailleurs, le gouvernement de la reine ne délivre point de chartes partout indifféremment; il ne se sert guère des compagnies privilégiées que pour ses œuvres d'avant-garde, et c'est surtout aux œuvres d'avant-garde qu'elles sont propres. Elles sont la transition entre la non-administration, la non-organisation barbare et l'administration trop compliquée des métropoles, qui étoufferait les pays neufs et les écraserait dans le raide et pesant appareil de leur législation formaliste. Or, l'Algérie n'est plus qu'un pays à demi nouveau, et sa colonisation n'est plus une œuvre d'avant-garde. Quand bien même le système eût été bon en 1830, il n'est plus applicable après cinquante années d'organisation et d'administration directe, à la française. — Mais personne, du reste, ne le recommande pour l'Algérie et ne songe à l'y introduire.

Qu'est-ce donc que ces compagnies auxquelles nous assignons un rôle dans l'entreprise de la colonisation algérienne? Ce ne sont ou ce ne seraient que des sociétés, dans l'acception commerciale, financière et juridique du terme. L'Etat ne leur concéderait point de monopole, ni même de privilèges. Il les reconnaîtrait seulement pour être d'utilité publique, comme il le fait pour d'autres associations de divers genres. En considération de leur objet, il leur donnerait la personnalité civile. Personnes civiles, douées de la vie sociale que confère cette qualité, elles posséderaient pleinement, elles seraient propriétaires, dans les conditions ordinaires de la pleine possession, de la propriété.

Il s'y ajouterait, en outre, certaines obligations spéciales, dérivées de leur nature de personnes civiles, autrement dit, de personnes fictives et créées par l'Etat. A la vérité, une seule obligation suffirait, l'obligation ordinaire : l'Etat approuverait les statuts et il tiendrait la main à ce qu'ils fussent respectés.

Mais peut-être demandera-t-on : En quoi ces sociétés se distingueront-elles de sociétés que nous avons connues en Algérie et qui n'y ont donné que de fort minces résultats ? — En cela précisément que l'Etat les obligera dorénavant à observer leurs statuts et à ne pas en sortir (1).

(1) J'entends déjà l'objection : Où l'Etat puisera-t-il le droit d'intervenir, si, en échange de cette charge, de cette ser-

Il est incontestable que ni la Compagnie algérienne ni la Société génevoise n'ont tenu tout ce qu'elles avaient promis, tout ce qu'on avait promis pour elles.

La Société génevoise avait reçu, autour de Sétif, de très importantes concessions. Elle y devait fonder quatre ou cinq villages, elle n'a fondé à peu près rien du tout. Maîtresse d'une vingtaine de mille hectares, elle les laisse cultiver en détail par des Arabes, sans direction européenne.

vitude, il ne donne aux sociétés de colonisation ni monopole ni privilèges, s'il ne leur fait aucun avantage, si, par exemple, il ne leur accorde pas de concessions gratuites ?

Je réponds d'abord : Où puise-t-il ce droit pour les autres sociétés qu'il dote de la personnalité civile ou même, en général, pour toutes les associations ? Dans leur nature d'associations, comme dans sa nature à lui, l'Etat, qui est le commun arbitre, le commun juge et le commun tuteur, le tuteur d'ordre public.

Ensuite, est-ce un caractère exclusif de la concession gratuite que d'être faite sous de certaines réserves en stipulant une certaine sanction ? Est-ce que les ventes sont faites sans conditions ? — Mais, si ce n'est point l'Etat qui vend ; si le fonds de colonisation doit se constituer par l'achat de terres *melk* ; si les compagnies se contentent d'acheter des propriétés privées ? — Il leur restera toujours leur nature et leurs obligations de sociétés ; il restera toujours à l'Etat sa nature et son autorité d'Etat : c'est assez pour assurer le contrôle des actes et l'exécution des statuts.

De même pour la Compagnie algérienne, propriétaire de magnifiques terres à blé. Elle les fait également cultiver par des indigènes. Du côté de l'Oued-Zenati, d'Aïn-Regada, j'ai vu de ces cultures insuffisantes ; je n'en ai pas vu d'autres. On affirme que partout il en est ainsi sur les terres de la Compagnie algérienne, excepté à Dollfusville (Amourah), où six cents à sept cents hectares ont été donnés à la Société, à charge de planter de la vigne. Sur ces sept cents hectares, quatre cents sont actuellement plantés. On y a dépensé environ deux millions de francs, et l'affaire marche bien. Ailleurs, la Société a fait construire des greniers et s'est mise à faire le commerce des céréales.

Je ne dis pas que ses statuts le lui interdisaient ; je dis que les statuts des sociétés dont je souhaite la formation devront être examinés sévèrement et rigoureusement maintenus.

Qu'est-ce qui prouve que de pareilles sociétés se formeront? Ce qui le prouve, c'est l'éclatante et exceptionnelle richesse de ce sol. Les tranchées qu'on y a ouvertes pour y faire passer les chemins de fer y découvrent des couches d'humus d'une profondeur incroyable et d'une superbe couleur noire ou rouge. Il n'est besoin que de regarder un instant pour être saisi par l'idée de l'excellence, de la toute-puissance créatrice, de l'infinie et enivrante fécondité de la terre. Cette terre d'Afrique, quand on la connaîtra (et chaque jour on la connaît mieux), attirera l'argent comme un aimant.

Ce qui prouve que des sociétés se formeront, c'est une expérience aussi vieille que l'humanité, laquelle veut « gaigner »,suivant l'expression de Montaigne, et se jette là où l'on gagne. Faites savoir à tout le monde, criez hautement à qui voudra l'entendre qu'il est possible de « gaigner » en Algérie, et vous verrez venir les hommes ; vous les verrez venir vous apporter la force.

Comment leur ferez-vous savoir la bonne nouvelle? Par une large publicité, sans doute ; par des affiches dans les villages et des annonces dans les journaux. Mais la meilleure des propagandes sera celle qui se fera de proche en proche : ce sera le bruit, l'évidence du succès. Ce qui, au contraire, détournerait de la colonisation, ce serait la vue des échecs, le retour d'émigrants au pays dans une misère plus grande qu'auparavant, le scandale d'une ruine qui,

2***

pour n'être pas la faute de la terre, serait attribuée à tout, sauf à ses véritables causes.

Il ne faut donc pas d'échecs en Algérie, il en faut aussi peu qu'en France. Pour qu'il en soit ainsi, il faut appeler les hommes, on le répète ; mais il faut que tous ceux qui viennent arrivent avec quelque chose, ceux-ci avec des capitaux, ceux-là avec l'habitude et le goût du travail.

Car la colonisation est une production : c'est une production rapide et intensive. Elle ne saurait se passer des deux instruments nécessaires à toute production : le capital et le travail. Aucune grâce de l'Etat n'y suppléera, s'ils manquent.

Il y a des fortunes à faire en Algérie ; mais quiconque y viendra sans rien n'y fera rien. Si l'Etat épuise pour lui le trésor de ses complaisances, il traînera pendant quelques années une pauvre et triste existence ; après quoi il s'en retournera, accusant tout et tous, hormis lui-même, se plaignant amèrement de ce qu'on l'a volé : les indigènes l'ont volé, ses ouvriers l'ont volé, ses voisins qui prospèrent l'ont volé, l'Etat qui ne peut l'aider plus longtemps l'a volé.

A continuer de la sorte, l'Algérie demeurera des

siècles sans que son développement atteigne la vitesse normale, parce qu'elle aura, parce qu'elle a un énorme poids mort à traîner. Elle ne se peuplera pas d'une population française, définitivement assise, définitivement fixée, parce qu'au lieu d'établissements de colons, il ne s'y fera que des allées et venues d'aventuriers.

Et néanmoins l'Algérie doit se peupler de Français, elle doit se développer, tout nous en est garant : la richesse de la terre, sa proximité de la France, l'exemple même de ce qui a été fait (et ce qui a été fait est, en somme, considérable) avec des éléments et des moyens médiocres.

Il n'y a pas d'inquiétudes à avoir sur l'avenir de la colonisation en Algérie. Dites que vous l'abandonnez complètement à l'initiative privée. Dites que vous ne donnerez plus un pouce de terrain, que les gens qui voudront des propriétés les payeront. Dites que l'Etat n'interviendra que dans la limite de ses devoirs et dans la plus étroite limite.

N'écartez aucune forme de l'initiative privée, sociétés, capitalistes, travailleurs proprement dits : provoquez-la sous toutes ses formes, cette sûre et salutaire initiative. Juxtaposez-les ; contraignez-les de vivre ensemble, à côté l'une de l'autre, en concurrence l'une avec l'autre. En dépit de cette lutte apparente, fiez-vous à la solidarité d'intérêts qui les lie.

La colonisation n'est l'œuvre ni du capital seul ni du travail seul. Cette terre de promission ne peut, pour être mise en valeur, se passer de la main-d'œuvre ; elle ne peut, pour atteindre et rendre le maximum de sa valeur, se passer du crédit. Mais il y a beaucoup à dire sur la main-d'œuvre et le crédit en Algérie. C'est un sujet très délicat, qui mérite d'être traité à part.

CHAPITRE VI.

LE CRÉDIT. — LA MAIN-D'ŒUVRE.

Pour que l'initiative privée développe son maximum d'effet utile, pour que la colonisation devienne cette production rapide et *maxima* qu'elle doit devenir, il faut qu'elles aient les deux instruments nécessaires à toute production, le crédit et la main-d'œuvre, qu'elles en disposent librement et qu'elles les aient de bonne qualité, à bon marché. Il faut que le capital et le travail soient partout juxtaposés, partout prêts à se féconder mutuellement. A ceux qui ont l'argent il faut les bras; à ceux qui ont les bras il faut l'argent.

J'ai très souvent entendu dire, d'un bout à l'autre de l'Algérie, que le crédit manquait ou qu'il était trop cher, ou qu'il était trop difficile. Si le fait était avéré, on aurait le droit de s'en étonner, car la liste est fort longue des établissements qui se sont fondés en Algérie depuis une trentaine d'années : la Société générale algérienne, la Société de crédit foncier et agricole d'Algérie, le Crédit algérien, la Compagnie franco-algérienne, la Foncière de France et d'Algérie, les Magasins généraux, etc., etc., sans parler de la Banque d'Algérie, de la Banque de France et du Crédit foncier de France.

Non, de toute évidence, le crédit n'a pas manqué ; par la concurrence même des prêteurs, il n'a pas dû être si difficile ; néanmoins, la gêne est visible ; on sent, on devine une crise qui couve encore, mais qui, demain, peut éclater. Une personne en situation d'être exactement renseignée m'affirme (et je rapporte ce chiffre, si incroyable qu'il puisse paraître) que, dans une grande ville, chef-lieu de département, on ne trouverait peut-être pas trois familles dont la situation soit absolument nette. A n'en juger que par ce qui frappe les yeux, il y a un réel malaise et pis que du malaise. Telle rue de cette ville qu'on dit si menacée est lamentable, en effet, avec ses immenses constructions vides et les volets gris de ses boutiques fermées.

Je reconnais cet aspect de tristesse profonde, particulier aux ruines toutes neuves. La spéculation à la bâtisse a fait son œuvre. Mais qui donc a mené cette spéculation ? Si éprouvées, si atteintes que soient les villes, les campagnes le sont davantage. J'entends, d'une part, les colons qui se plaignent de n'avoir pas ou de n'avoir plus de crédit. D'autre part, j'entends dire que les banques ont consenti des avances énormes, qu'il y a lieu de craindre pour des sommes fort importantes, que beaucoup de rentrées ne se sont pas opérées, et que, de ce chef, malgré elles, on veut le supposer, en tout cas hors de leur rôle, contre leur objet, contrairement à leurs statuts, plusieurs sociétés algériennes de crédit sont aujourd'hui, par voie d'expropriation pour non-exécution d'engagements, en possession de vastes domaines.

Dire que le crédit est rare, cher et difficile en Algérie, ce ne serait dire qu'une partie de la vérité ; la vérité tout entière, la voici. Nous venons d'écrire le mot de « spéculation à la bâtisse » ; devons-nous écrire celui de « spéculation à la misère » ? Il y aurait quelque chose d'excessif, d'injuste, par conséquent. Quoi qu'il en soit, qu'on ait voulu sincèrement aider, ou qu'on se soit surtout proposé d'*exploiter* le colon (cet *on* est tout ce qu'il y a de plus impersonnel ; *on,* ce n'est personne et c'est tout le monde), on n'a pas assez défendu, pas assez entouré de précautions et de garanties, on a gaspillé le crédit.

On n'a pas attendu que l'emprunteur se présentât ; on est allé au-devant de lui, jusque chez lui. On a promené le crédit par les rues, on l'a porté à domicile. Diverses raisons peuvent être invoquées comme explication ou excuse. D'abord la concurrence des banques, contraintes à solliciter le client, ensuite l'exceptionnelle richesse du sol qui formait le gage, le magnifique avenir promis à la colonisation, et notamment les espérances sans bornes que fit naître l'introduction ou le développement de la viticulture. Les sociétés de crédit eurent leurs placiers, leurs commis-voyageurs, et elles ne se montrèrent pas sévères sur les références. Elles ne demandèrent pas si le colon était solvable ou ne l'était pas ; il leur suffit qu'il fût propriétaire à titre définitif.

Les capitalistes, gros, moyens ou petits, imitèrent en cela les sociétés de crédit. On rencontrait un pauvre diable, peinant, suant d'ahan à défricher sa terre. « C'est à vous, ce champ? — Oui, monsieur. — Combien avez-vous d'hectares ? — Dix hectares.

— Savez-vous qu'il y aurait de quoi faire une belle vigne ? — Oui, mais... — Mais quoi ? — Pas d'argent. — De l'argent, on en trouve. Tenez, en voulez-vous ? Dix hectares, à cinq mille francs par hectare, total cinquante mille francs. Plantez. D'ici à cinq ans, votre vigne rapportera convenablement. Je vous prête cinquante mille francs pour cinq ans. Vous me payerez là-dessus un intérêt, mettons huit pour cent, ce n'est pas exagéré. »

Le colon qui n'a pas le sou, qui ne voit pas, qui, pour ainsi dire, ne touche pas le risque, auquel on ouvre, avec un crédit de cinq ans — l'éternité ! — des perspectives infinies, s'empresse d'accepter et de souscrire. Trois ans, quatre ans : la vigne commence à donner. Tant bien que mal, l'emprunteur paye les intérêts. Cependant, il arrive une mauvaise saison, un accident, ou bien les vignobles français se reconstituent, et les prix tombent, en Algérie. L'échéance approche. Comment rembourser les cinquante mille francs ? On n'en a pas le premier centime. Tout est incorporé dans le sol ; la vigne a tout mangé. Parce qu'elle n'est pas intraitable, ou ne veut pas le sembler, sûre d'ailleurs que sa créance ne lui échappera pas, la banque accorde un renouvellement, parfois une légère augmentation du prêt. Le colon reprend courage et lutte. L'année d'après, second renouvellement, mais c'est le dernier. La valeur du gage dépasse le montant du prêt. On exécute le débiteur. On l'exproprie. L'affaire n'est point mauvaise pour le banquier. Il a reçu, au moins en partie, les intérêts, à huit pour cent, de son avance, et, par-dessus le marché, il a la vigne.

Encore un coup, les sociétés de crédit n'ont pas, seules, pratiqué ce système. Il a été suivi par des particuliers nantis de sommes plus ou moins fortes. Les résultats ont été désastreux. Premièrement une foule de colons se sont vus, de la sorte, dépouillés. Mais une baisse formidable s'est produite sur la terre et, à leur tour, les prêteurs ont subi de lourdes pertes. Il leur est resté dans les mains des domaines, des vignobles, à ne savoir qu'en faire. On cite un établissement des plus considérables, qui, à la suite de prêts aventureux, est engorgé, écrasé et se débat sous le poids de sa fortune immobilière, s'épuisant en combinaisons pour tâcher de s'en débarrasser. Cette fortune immobilière, pour s'en débarrasser, il a tâché de la mettre en actions ; mais il n'a pas trouvé preneur. A l'heure qu'il est, il cherche toujours.

Voilà où l'on en est venu avec des intentions pures. Mais, décidément on doit le dire, il y a eu spéculation à la misère, spéculation à l'hypothèque.

Je sais quelqu'un à X... (entre Bougie et Constantine) qui s'est taillé une propriété rondelette rien qu'en prêtant à des colons voisins les uns des autres, sur un taux qui pouvait être de dix pour cent. Par an ? Non, par trimestre.

A S... (département de Constantine), sur une surface de 130 hectares environ, il y avait une *mechta*, un village indigène de 60 feux. Comme le territoire avait été séquestré pour faits insurrectionnels, chaque feu payait à l'Etat une redevance de soixante francs. Attribution est faite de ces 130 hectares à des colons. Les colons empruntent et ne peuvent rendre. Les 130 hectares de terre, saisis au profit des prêteurs, constituent à présent une ferme. Les indigènes continuent de payer soixante francs par feu pour leur *gourbi* et louent des parcelles qu'ils cultivent. Moralité : l'Européen exploite l'Européen, en lui prêtant sans mesure et en l'expropriant ; il exploite l'Arabe en lui faisant payer soixante francs par gourbi et en lui loüant une terre qui lui a été enlevée.

Ainsi, le prêt sur hypothèque est une des industries les plus florissantes de l'Algérie. Mais le jour où le rideau se déchirera, on sera brusquement en présence d'un gâchis financier épouvantable. A qui la faute? A la concession gratuite qui a peuplé ce pays de besoigneux.

On m'accusera d'avoir vu avec des lunettes noires. J'ai simplement regardé au microscope. Au surplus, je cède volontiers la parole aux témoins, que je n'ai pas choisis pour les besoins de la cause. Je les ai pris indifféremment à tous les degrés de l'échelle sociale.

L'un d'eux, qui occupe le sommet, s'est exprimé textuellement en ces termes : « La concession gratuite est une *stupidité*. Le colon par concession gratuite est tout de suite la proie des juifs et de beaucoup de chrétiens qui, sur ce point, sont juifs. »

Un autre témoin, un aubergiste de bourgade, d'origine alsacienne, me dit dans son langage pittoresque :

« Combien de ces concessionnaires ne travaillent pas, n'ont jamais travaillé ! Combien sont des gueux et des fainéants, des *absintheurs*, des *schnapstrompetter* (mot à mot des *trompettes d'eau-de-vie*, des gens qui boivent l'eau-de-vie à la bouteille)! » Lui-même, cet aubergiste, est un exemple de ce qu'on peut faire en Algérie, avec de l'énergie et un mince pécule. Lorsqu'il était venu d'Alsace, on lui avait donné une concession, non loin de D... Il l'avait visitée, n'avait trouvé que des broussailles, et finalement l'avait refusée. Un peu plus tard, il en acheta une autre, moyennant deux ou trois milliers de francs. Cette terre qui lui plaisait mieux, puisqu'il la payait, il l'a mise en valeur, entretenue et revendue 20,000 francs. Tout récemment, il en a acheté une deuxième, qu'il a payée 4,500 francs; il va la défricher et se flatte d'en tirer sept ou huit fois le prix qu'elle lui a coûté.

Mais il peut attendre, et, en Algérie, pouvoir attendre, tout est là. Une ferme est mise en vente judiciairement. M. Y... l'achète 37,000 francs par surenchère. Il est actuellement en pourparlers pour la revendre et la revendra 60,000 francs. Le cas est clair et instructif. Un propriétaire pressé tire de sa terre 37,000 francs. Un acheteur qui peut attendre en tire presque aussitôt après 60,000 francs.

C'est que, en Algérie, comme n'importe où, pour prospérer, il faut durer. Or, les trois quarts des concessionnaires sont, de fait ou virtuellement, éliminés en quelques années. Pourquoi? Parce qu'ils sont arrivés sans le sou. Ils ont encore un pied sur le bateau qu'ils sont déjà à la merci de gens qui les guettent et se promettent cette épave. A la vérité, c'est en cela, du moins pour ce qui regarde l'Algérie, que le Français n'est pas colonisateur. Il ne se dit pas, avant de partir, que, de rien, avec rien, l'homme ne peut rien faire. C'est un grand mal; c'est le grand mal de l'Algérie.

Où est le remède? Dans ceci : dans le crédit sagement réglé, dispensé prudemment, dans le crédit modéré, proportionnel aux ressources, non plus dans le crédit, unique ressource de l'émigrant. Comme nous avons en vue la colonisation, c'est au crédit agricole que notre conclusion s'applique principalement. Le crédit agricole a ses conditions propres qui tiennent à la nature même. L'agriculture n'est pas une opération commerciale. Dans le commerce, on peut dire : « Je ferai tant en telle année. Je puis donc prendre tels et tels engagements. » En agriculture, rien de semblable. Il y a une *aléa* qu'aucune prévoyance ne peut délimiter.

Somme toute, ne pas trop prêter, ne pas prêter inconsidérément ; faciliter le remboursement, en l'échelonnant par annuités, le remboursement du prêt entier en une seule fois, stipulé dans la plupart des actes, offrant de graves inconvénients.

Un colon de B... a emprunté 80,000 francs. Il paye les intérêts à 8 0[0. Il compte, pour s'acquitter, sur une propriété qu'il liquide, mais il n'en peut réaliser le prix incontinent. La Société de crédit le contraint à faire, lui aussi, à mesure qu'il réalise et pour sa garantie à elle, des placements sur hypothèque, de sorte que c'est une hypothèque qui fait la boule de neige, et en ce sens encore, comme on l'a dit, l'Algérie devient une Irlande.

D'Arabe à Arabe, la *rahnia*, l'antichrèse ; d'Européen à Européen, l'hypothèque ; et des *latifundia* qui se forment, et la terre qui demeure ou retourne à la demi-culture indigène, et la bande des misérables, l'*armée roulante* qui grossit, et les banques qui ne sont plus des banques, parce qu'elles possèdent trop d'immeubles sous le fardeau desquels elles ploient, et le crédit mort, parce que non seulement les mauvais payeurs, mais les mauvais prêteurs l'ont tué.

La cause du mal? Nous le répétons, la cause première, c'est la concession gratuite. Ce n'est pas l'exagération du taux de l'intérêt ; s'il faut l'avouer, étant donnés les risques, 7, 8 ou 9 0/0 par an ne sont pas un taux exorbitant. Tout est relatif. Voulez-vous que ce taux diminue? Faites que la valeur du colon s'accroisse. Et, pour que cette valeur s'accroisse, ne lui donnez plus la terre ; vendez-la-lui.

Quand l'emprunteur offrira plus de garanties, le taux de l'intérêt s'abaissera naturellement. Ce qu'il faut avant tout, c'est maintenir les sociétés de crédit dans l'esprit et la lettre de leurs statuts ; c'est empêcher la spéculation à la ruine, la spéculation à l'hypothèque, par le crédit immodéré. Pour cela aussi, le meilleur moyen, c'est d'avoir des colons qui puissent vivre et marcher par eux-mêmes, qui ne demandent au crédit qu'un supplément. Pour les avoir, le meilleur moyen, le seul moyen, c'est toujours le même : renoncez à la concession gratuite, vendez la terre.

J'ai été long sur le crédit ; j'ai peu de chose à dire de la main-d'œuvre. Il n'y a pas en Algérie et d'ici à des siècles il n'y aura pas d'autre main-d'œuvre que l'indigène.

Sans doute, il y a des Maltais et des Siciliens à Constantine et à Alger, des Mahonais à Alger, des Espagnols et des Marocains à Oran. Mais ce n'est qu'un appoint, pour des besognes spéciales ; le fond de la main-d'œuvre, la main-d'œuvre permanente et quotidienne, ce sont les indigènes qui la fournissent. On peut récriminer à l'aise contre sa qualité : on n'en a pas et d'ici à des siècles on n'en aura pas d'autre. Les ouvriers européens sont peu nombreux en Algérie, peu sûrs et peu laborieux ; de plus, ils sont et doivent être plus exigeants ; sous ce climat qui les débilite, il leur faut davantage pour vivre.

Si l'on compare les deux budgets d'une famille européenne et d'une famille indigène, on verra que la première dépense pour sa nourriture, y compris le cabaret, à peu près 1,600 francs, par an, et la seconde seulement 200 francs. L'indigène, pour vivre, a donc besoin de huit fois moins que l'Européen ; son travail pourrait donc être huit fois moins cher que le travail d'un Européen.

Qu'il laisse infiniment à désirer, on s'accorde à le reconnaître ; que le prix s'en élève sensiblement à cause du rendement minime qu'il donne, de son imperfection, de sa lenteur, on ne saurait le contester. Mais l'indigène supplée, par sa capacité de résistance, à l'habileté et à la vivacité qui lui manquent.

Au reste, dans la Kabylie même, dans la petite Kabylie où l'on récolte et où l'on prépare le liège, il n'est pas de bon ouvrier qui gagne plus de 1 fr. 50 par jour. Où est l'Européen qui se contenterait de ces trente sous, pour dix heures de travail? Je sais bien (et ce n'est pas ce que j'ai constaté de moins curieux en Afrique) que certains de ces ouvriers kabyles, tout Kabyles qu'ils sont, réclament, eux aussi (du moins, certains d'entre eux), une réduction du temps de travail. Ils n'ont pas encore adopté la formule des trois-huit, mais ils demandent la journée de neuf heures. Que l'entrepreneur y consente, ils gagneront un peu plus de seize centimes et demi, au lieu de quinze centimes l'heure. Quel est l'Européen, non naufragé moralement, qui veut s'expatrier pour gagner seize centimes et demi par heure?

Si inférieure qu'on veuille supposer la main-d'œuvre indigène, à ce prix, on le comprend, la main-d'œuvre européenne ne peut pas lutter avec elle. Et c'est un point de plus par où se fait le contact forcé des deux races. Il se fait sur la terre même, dans la propriété et dans le travail, dès le premier jour et jusqu'au dernier jour.

Cette main-d'œuvre médiocre est-elle susceptible d'amélioration et, risquons le mot, d'éducation ? Il n'est pas chimérique de le croire en ce qui concerne le Kabyle, qui est industrieux, patient et imitateur. De là à préparer une génération, une classe d'ouvriers qui viendraient dans nos ports et nos villes du Midi, comme quelques-uns l'ont rêvé, prendre la place des Italiens, il y a loin : il y a toute la distance du possible à l'invraisemblable. Cette exportation de main-d'œuvre, c'est peut-être le futur, mais ce n'est pas le futur prochain.

Primum vivere. Pour le présent, il s'agit de vivre. Il faut que les deux races en contact vivent dans un état d'harmonie relative, suffisante pour qu'il y ait en Algérie la paix civile. Je laisse de côté les considérations tirées du sentiment, le mobile humanitaire, ce qu'on nomme les principes. Les colonies, surtout les jeunes colonies, surtout celles qu'habite, très dense encore, une population ancienne et demeurée primitive, surtout les « terres de violence », les terres conquises, ne sont pas des terres où fleurissent ni le sentiment ni les principes. La race ancienne s'est endormie dans son enfance et ne les connaît pas ; les nouveaux maîtres, en ce pays où ils ne sentent pas la tradition, où ils n'ont pas d'attaches, ne les connaissent plus. En passant de Marseille à Alger, il s'est produit chez eux, à leur su ou à leur insu, toute une évolution de la morale.

Je n'invoque donc que l'intérêt, mais je l'invoque hautement. L'intérêt des conquérants devenus des colons détenteurs du sol, bailleurs de travail, producteurs et marchands de produits, leur intérêt commande, exige impérieusement qu'ils trouvent avec les indigènes un *modus vivendi* acceptable et durable.

Je ne parle ni d'assimiler, ni de rapprocher, je parle de vivre. Je considère les deux civilisations comme des blocs. Les voici l'une contre l'autre. Elles se touchent dans toute leur longueur et toute leur largeur. Voulez-vous qu'elles ne s'usent pas par le frottement? Arrondissez les angles. Voulez-vous en construire un édifice? Coulez un ciment dans les joints. Ou, si vous préférez une autre comparaison, les deux populations qui coexistent en Algérie s'emboîtent l'une dans l'autre comme les os de la jambe. Pour que la fusion s'accomplisse sans douleur, il faut que quelque chose, liquide ou tissu, soit interposé.

Le ciment des sociétés, le liquide ou le tissu à interposer entre les indigènes et les Européens, c'est la justice, une ferme, douce, équitable et convenable justice, intelligible pour chacun, accessible à chacun.

Qu'avons-nous fait pour la justice? Avons-nous fait ce qu'il fallait faire et comme il fallait le faire? On en doute.

CHAPITRE VII.

LA JUSTICE MUSULMANE.

Le mot « justice » peut prendre ici deux sens : un sens général et un sens étroit. Au sens le plus général, il embrasserait toutes les formes sous lesquelles les indigènes de l'Algérie sont capables de se figurer la justice ou l'injustice de notre domination. Il comporterait à la fois la justice au sens technique, légal, celle qui est du ressort des tribunaux, l'administration et les impôts.

Il fallait être juste envers les indigènes, non pas selon nos idées, non point à notre manière à nous, mais selon leurs idées à eux, de la manière dont ils conçoivent et perçoivent la justice. Est-ce bien ce que nous avons fait?

Pour connaître comment Arabes et Kabyles peuvent concevoir la justice et, par suite, pour leur donner les institutions qui leur conviennent, il n'y a que ce moyen : tâcher de pénétrer leur caractère, de savoir comment les indigènes ont l'âme et la cervelle faites.

Il n'est pas au monde de population si primitive qu'elle n'ait au moins un rudiment de police et de droit. Ainsi le premier aspect de la question se trouvera être celui de la justice proprement dite : justice civile et justice criminelle ; leur fondement, la loi ; leur organe, le juge; leur sanction, la peine.

La division des indigènes de l'Algérie en Arabes et Kabyles n'est pas aussi rigoureuse qu'on le suppose communément. La méthode qui consiste à opposer toujours le Kabyle à l'Arabe et l'Arabe au Kabyle n'a donc pas de bases certaines. Réduit à ces deux termes : les Arabes, les Kabyles, le classement ne laisse pas que d'être un peu artificiel. Il serait plus prudent et plus exact de dire : les sédentaires, les nomades, sans perdre de vue qu'il y a des groupes intermédiaires, que tous les sédentaires ne sont pas des Kabyles, et que les différences ne sont ni si constantes, ni si tranchées. Mais, s'il faut à tout prix maintenir la distinction, devenue classique, des Kabyles et des Arabes, il semble, contrairement à l'opinion admise, que le Kabyle, le sédentaire, le

Berbère, n'ait pas sur le nomade, sur l'Arabe, une supériorité marquée.

En fin de compte, le Kabyle n'a sur l'Arabe que cette supériorité : il est plus laborieux, et cela tient précisément à ce qu'il est sédentaire. Mais, quoi qu'on en ait dit et qu'on en dise encore, il a l'esprit moins ouvert et moins vif. Si l'Arabe est vindicatif, le Kabyle est haineux et il l'est plus sournoisement. L'Arabe est imprévoyant, corrupteur, emporté, excessivement mobile, enclin à de brusques révoltes, mais enclin aussi à de prompts retours, généreux et, surtout de croyant à croyant, susceptible de tenir sa parole. Le Kabyle est économe jusqu'à l'avarice, âpre au gain jusqu'à la rapacité; il est rusé, aime la chicane et pratique volontiers l'usure. L'Arabe, à l'occasion, est voleur; mais le Kabyle, à l'habitude, est filou; il est, pour employer une expression moitié arabe, moitié parisienne, qui a cours dans ses montagnes, *carottier besef*, « très carottier ». L'Arabe a vite fait de porter un coup de couteau ou de tirer un coup de fusil; mais c'est en Kabylie qu'on fabrique les terribles lames dites *flissas* et qu'on en apprend l'escrime toute spéciale.

Nous pourrions continuer longtemps ce parallèle.

Il accuserait plutôt l'identité que la diversité. Entre l'Arabe et le Kabyle, il n'y a d'autre différence que du nomade au sédentaire, du pasteur au cultivateur. Les vices de l'un se sont brutalement épanouis dans la nature; les vices de l'autre se sont affinés dans un semblant de civilisation. Ce sont des frères dont l'un s'est construit une cabane, s'est fabriqué des outils, s'est tissé des vêtements, tandis que l'autre s'est vêtu quand il l'a pu, s'est nourri comme il l'a pu, et, de temps immémorial, vagabonde à la belle étoile. Mais ce ne sont pas moins des frères.

Dans la vie de chaque jour, le Kabyle, si ce n'est pas la saison des labours ou de la moisson, passe, comme l'Arabe, toutes ses heures, assis ou couché devant son gourbi et, deux ou trois fois par semaine, il va sur son mulet au marché des tribus voisines, pour y écouter des histoires et y raconter les nouvelles. Sur dix Kabyles comme sur dix Arabes, il ne manque jamais d'y avoir un beau parleur, un avocat. Celui-là devient l'homme d'affaires des autres. Il se charge d'exposer leurs réclamations et de les embrouiller, et d'y ajouter de la confusion, s'il se peut. Mais comme il trahit tout le monde, on l'interrompt souvent, et, lorsqu'on en a trop de lui, on le rosse.

J'ai noté près d'El Milia, dans la petite Kabylie, de menus faits qui sont fort instructifs.

Un indigène vient échanger contre de l'argent ses jetons de travail. « Combien me donnes-tu ? demande le caissier. — Je ne sais pas. — Compte tes jetons ; tu reviendras après. — Je ne sais pas compter. » Le caissier compte, et, avec intention : « Tu en as soixante-quinze. — Non, non ; j'en ai quatre-vingts. » Le drôle espérait qu'en payant on se tromperait à son profit.

Ils n'ont que de ces grosses malices de sauvage ou d'enfant ; mais leur sac est inépuisable. Voler ou filouter n'est nullement déshonorant ; chez les Arabes, l'un est un signe de bravoure ; l'autre, chez les Kabyles, un signe d'habileté.

Les Kabyles se dupent entre eux, en se donnant les uns pour les autres. On appelle Rabah-ben-Mohammed. Un indigène sort du rang. Il empoche la monnaie. Au bout de cinq minutes, il s'en présente un second. On lui demande son nom : « Rabah-ben-Mohammed. — Mais il est déjà venu ? — Ce n'est pas lui, Rabah. C'est moi. » Les gens du douar attestent qu'il dit vrai. Ils attesteraient également le contraire.

Soupçonne-t-on que des indigènes veulent escroquer un salaire qui ne leur est pas dû ? On tire l'un d'eux à l'écart : « Toi, tu es un honnête homme, tu vas avoir tes trente sous ; mais n'est-ce pas que tous les autres sont des menteurs ? » Imperturbablement, il répondra : « Oui, ce sont des menteurs. »

Or, il n'en est pas un qui, pour trente sous, ne soit prêt à faire la même déclaration. Et pourtant une forêt vient-elle à brûler, un meurtre est-il commis sur un Européen : courez dans le village ou la tribu, vous ne trouverez pas le coupable. Le cercle s'est refermé derrière lui et le protège : l'alliance des indigènes vis-à-vis de l'étranger s'est refaite.

On voit combien c'est chose délicate que d'établir convenablement et de faire fonctionner la justice en un tel pays. Encore avons-nous simplifié et réduit la complexité, l'enchevêtrement des lignes, au point que le portrait est à peine ressemblant. Les causes habituelles de crime ou de délit sont, chez les Arabes, la femme, le bétail et le droit de pâture ; chez les Kabyles, la femme, les contestations de propriété, les difficultés de voisinage. L'Arabe et le Kabyle ont ceci de commun que, sauf exception, ils sont pauvres.

J'insiste sur cette pauvreté, qui est absolue et presque universelle. On ne devra oublier, ni dans l'appréciation des fautes, ni dans l'édiction des peines, que l'indigène est pauvre. Et par cette transition, je passe du justiciable à la justice. Quel est le fondement de la justice, quelle est la loi ? Quel est l'organe de la justice, quels sont les juges ?

C'est en ce lieu que les subdivisions reparaissent nécessairement et s'imposent. Qu'on n'aille pas dire que la loi est la même partout, que c'est le Koran, loi religieuse, civile et pénale tout ensemble. Les Mozabites sont schismatiques, et les Kabyles sont des musulmans assez tièdes ; chacun de leurs villages a ses *kanoun,* sa législation, ses coutumes propres, et il n'est pas rare qu'on y relève des dispositions nettement antikoraniques, comme celle, par exemple, qui exclut tout à fait les femmes des successions.

Mais le Koran, ainsi que toute loi, a ses commentateurs ; il se crée alentour une jurisprudence, laquelle, à la longue, revêt force de loi. De là, des rites, des écoles, et des écoles dans les écoles : huit, dix ou douze degrés d'autorité ; une hiérarchie descendante. A n'en regarder que le haut, quatre rites, dont deux, au moins, en Algérie : les indigènes, les Maures des villes sont malékites, les descendants des Turcs sont hanéfites.

Au résumé, trois groupes de droit : droit musulman (rite maléki, rite kanéfi), *kanoun* kabyles, droit mozabite.

Cette loi, qui l'exécutait, ou ces lois, qui les appliquait, dans l'organisation sociale des indigènes avant que nous y eussions porté la main ? Pour les Maures, les Arabes et les Turcs, les cadis des deux rites ; au M'zab et chez les Kabyles, la *djemâa*, l'assemblée des notables. Le caractère saillant de ces lois et de cette juridiction, c'est que, lois et tribunal, ils étaient tout près du justiciable ; c'est qu'en réalité personne n'ignorait la loi et ne pouvait se soustraire à la juridiction. C'était une justice locale, communale, patriarcale, parfaitement adaptée à l'état de société. Elle était instinctive, intuitive, peu éclairée, mal graduée, tout ce qu'on voudra ; mais elle était rapide, facile et peu coûteuse. Elle frappait fort et parfois de travers, mais elle frappait tout de suite. L'amende, le bannissement, les coups, on savait le compte ; il fallait en passer par là. La justice était distribuée sans frais, obéie sans frais.

Cette justice sommaire, ces lois seulement équarries nous eussent semblé détestables ; les indigènes les trouvaient bonnes. De fait, n'étaient-elles pas les meilleures qu'ils pussent avoir ? Ils connaissaient le tarif (*kanoun* signifie littéralement tarif) ; ils connaissaient la loi, ils connaissaient les juges. Si, plus loin que le juge qui condamnait, ils cherchaient quelque chose, ils trouvaient la commune et ils savaient ce que c'était. S'ils cherchaient au delà du *kanoun*, ils trouvaient le Koran et ils savaient ce qu'a dit le Prophète. A une certaine distance, la loi civile ou la loi pénale se confondait pour eux avec la loi religieuse et se résolvait en elle.

Dans le M'zab, la participation des clercs au jugement lui assurait cette sorte de consécration divine. Dans la Kabylie même, en dépit du peu de zèle musulman des Berbères, ces origines religieuses de la commune, du tribunal et de la loi n'étaient point oubliées. La preuve en est que, pour qualifier un homme injuste ou d'une probité douteuse, on disait de lui, on dit encore : « Il ne suit pas la loi de Dieu. Il ne craint pas le Dieu ».

Les cadis arrivaient à leur salle d'audience, portant au bras des chapelets de marabout en pierres blanches ou bleues, et comme les fondateurs de rites étaient en même temps des juristes et des théologiens, des savants et des saints, comme le fond de l'éducation des juges avait été la récitation du Koran, il ne venait à la pensée de personne que leurs décisions pussent être en désaccord avec le Livre. Leurs sentences étaient tenues pour une répétition et une application des versets sur l'adultère, sur les brigandages, sur la calomnie, sur le commerce, sur les créances et les dettes, sur les dépôts, sur la diffamation, sur les fraudes, sur les femmes, le mariage, le divorce, la répudiation, sur la médisance, sur le meurtre, sur les successions, sur les faux témoignages, etc...

Personne ne pouvait redouter ou feindre de redouter d'être, suivant le mot de Mahomet, « jugé devant Thagout ». C'était Mahomet, par la bouche de ses élus, qui jugeait, comme il est écrit ; chacun était jugé selon sa loi, c'est-à-dire selon son Livre : « Les gens de l'Evangile jugeront selon l'Evangile. Ceux qui ne jugeront pas d'après un livre de Dieu sont infidèles ».

L'idée d'une justice laïque, purement juridique et sans principe religieux, ne pouvait en un instant et ne pourrait en des centaines d'années entrer dans des cervelles ainsi faites. Assurément, lorsque nous avons pris possession de l'Algérie, lorsque nous avons juxtaposé à la société, aux institutions indigènes, notre société et nos institutions, lorsque nous avons établi notre souveraineté sur l'Afrique du Nord, du fait de cette souveraineté, de cette juxtaposition, de cette occupation, il est résulté pour nous des obligations, et pour les indigènes il est sorti une condition nouvelle. Je ne dis pas que nous n'eussions rien à changer, rien à faire ; mais ce que nous avons fait, était-ce bien ce qu'il fallait faire ?

J'avoue qu'à cet égard je ne partage pas l'optimisme officiel.

J'en reviens à mon point de départ. Notre conception de la justice, son expression dans la loi, sa traduction en actes par les tribunaux, notre conception à nous importait peu ; il n'en fallait garder que l'indispensable et, pour le reste, faire les plus larges concessions. J'ai été très ému, durant tout ce voyage, ému et effrayé, d'entendre la même plainte sur toutes les lèvres, cette plainte qui attrait et retenait dans les rues de Bagdad le calife Haroun-er-Rachid. Je l'ai entendue, d'un bout à l'autre de l'Algérie, ici plus humble et là plus menaçante, non une clameur encore, mais une lamentation. Pour la première fois, j'ai saisi tout ce qu'il y a de force et d'amertume dans cette parole venue du fond des sables de l'Orient : *Qui sitiunt justitia*, « Ceux qui ont soif de la justice. »

Je ne prétends pas qu'on ait fait le mal, le sachant et le voulant ; je me borne à croire qu'on s'est trompé. Je ne prétends pas que notre justice soit mauvaise en elle-même : je la crois infiniment supérieure à la justice traditionnelle des indigènes.

Mais nous connaissons mal le caractère, les mœurs, le droit des Arabes ; ils ne connaissent pas notre droit et ne comprennent pas nos juges, qui ne les comprennent pas.

Nous ne jugeons pas d'après un livre de Dieu, et ils le savent. Nous sommes, à leurs yeux, « dans le sentier de Thagout ». Nous sommes des infidèles que les croyants ont le devoir d'égarer et de mépriser.

Ils sont dans une perpétuelle enfance : notre justice est lente, vient trop tard, ne les atteint que quand ils ne se souviennent plus, et elle se change, de la sorte, pour eux, en une criante injustice.

Ils sont pauvres : notre justice est formaliste, dépensière; elle leur pèse et les ruine.

Cela suffit à faire d'une supériorité théorique une infériorité politique et pratique. Que sera-ce s'il s'y joint des abus, et comment éviter que des abus se produisent? Qu'on le nie ou non, le mal existe. On ne pourra pas le dissimuler longtemps.

Je finis par un mot d'une tristesse touchante : « Monsieur, s'est écrié, en s'arrêtant au milieu du chemin, un guide qui m'accompagnait, si tu voyais ce qui se passe dans la justice, toi (il fait le geste de s'envoler), toi repartirais tout de suite pour France ».

Que se passe-t-il donc? Où est ce mal sensible et certain? Est-ce dans nos lois ou dans notre personnel, ou dans l'esprit des indigènes, façonnés, pétris, ankylosés par leurs coutumes et réfractaires à notre droit?

Peut-être est-il un peu partout.

CHAPITRE VIII.

LA JUSTICE FRANÇAISE.

Notre législation est trop abstraite, trop savante ; notre procédure est trop compliquée, trop coûteuse ; notre personnel judiciaire ne sait que très imparfaitement le droit musulman et ne sait pas du tout l'arabe. Les indigènes, d'autre part, ne peuvent seulement se douter de ce qu'est notre loi et de ce que sont nos juges. Néanmoins, ce sont nos juges qui, en Algérie, appliquent notre droit, tout du long de la filière de notre procédure.

Nos cours d'assises, nos tribunaux civils, nos justices de paix : à la magistrature musulmane, aux cadis, il ne reste pour ainsi dire plus rien. Ce qui leur reste est mal défini. On leur laisse les questions de statut personnel. Mais qu'est-ce que le statut personnel ? Où finit la personne ? où commence la chose ? Ne sont-elles pas, dans le droit et dans le fait, étroitement liées, intimement mêlées? Les successions, par exemple, ne touchent-elles pas autant aux personnes qu'aux choses? Il a fallu trouver un moyen terme, et, comme toujours, cet expédient blesse tout le monde.

Voilà pour le civil ; au criminel ou au correctionnel, les cadis ne demeurent même plus chargés de faire exécuter par les musulmans les décisions des juges français. De là un mécontentement profond.

Les cadis se plaignent de n'avoir plus ni prestige, ni autorité, ni émoluments. Ils se plaignent d'être quelque chose d'assez ridicule: des juges sans juridiction et comme entachés de suspicion par le pouvoir même qui les institue. Leurs salles d'audience sont vides. J'ai vu, à Milah, le cadi juger une répudiation. C'est le seul cadi jugeant que j'aie rencontré en Algérie. Les autres, on les trouvait étendus sur un canapé, leurs babouches devant la porte.

Par contre, les justices de paix regorgent. Si les cadis gémissent d'être oisifs, les juges de paix, en revanche, pestent d'être écrasés.

Dans l'organisation de la justice, on a, il faut bien le dire, marché un peu à l'aventure. On a découpé sur la carte les circonscriptions judiciaires, sans mesurer les distances et la superficie. Une justice de paix ordinaire contiendrait aisément un ou deux de nos arrondissements de France.

La circonscription est trop vaste, mais les attributions ne le sont pas moins. Le juge de paix a juridiction civile et correctionnelle. Il a juridiction sur les Européens et sur les indigènes. Il est, de plus, chargé de l'instruction des affaires criminelles; de sorte qu'il a trop de travail à fournir, parce qu'on vient le trouver de loin, et trop de fatigue à supporter, parce qu'il doit se transporter loin.

Une juge de paix m'a dit avoir été contraint de juger soixante affaires en un jour. L'année dernière, il avait dû instruire, en outre, deux cent cinquante affaires criminelles, soit une affaire en un jour et demi. Un de ses collègues, pour un seul jour, avait cent quatorze affaires à son rôle; l'année dernière, il avait eu trois mille dossiers à étudier et deux cents affaires criminelles à instruire.

Une circonscription judiciaire est peuplée de quelques centaines d'Européens et de plusieurs milliers d'indigènes. Il faudrait donc que le juge sût à fond la langue arabe et le droit musulman. Les saurait-il, qu'il n'arriverait pas encore à bien remplir toute sa tâche. Faute de les savoir, il fait ce qu'il peut ; mais souvent, comme Bridoye, il joue les sentences aux dés.

Il est livré, pieds et poing liés, à la merci de son interprète ; quelles que soient sa probité, son intégrité, elles ne lui servent de rien. C'est ici un point délicat. De ce que l'Arabe est corrupteur, on a conclu qu'il était corruptible. On peut admettre que la conduite de certains juges musulmans est venue parfois justifier ce soupçon. C'est un des motifs pour lesquels on a restreint la juridiction des cadis. On a déclaré que leur justice était au plus offrant et se vendait aux enchères.

Je ne l'affirme pas, je ne le nie pas, c'est possible. Mais s'imagine-t-on que, si le cadi était corruptible, l'interprète ne l'est point?

Ce n'est qu'un cri à cet égard, d'un bout à l'autre de l'Algérie. La justice se vend toujours, en arrière et à l'insu du juge, malgré le juge, par l'interprète.

Ouvrons au hasard un paquet de lettres :

« X... a fait agir le cheick des Ouled A... pour se faire vendre des arbres appartenant aux gens de sa tribu. L'oukaf et Bokmiss-ben-Ahmed ont refusé de vendre les leurs. Aussitôt X... les assigne pour avoir laissé pacager leurs troupeaux dans un *melk* à lui, ce qui est absolument faux, d'après de très nombreux témoins. Que se passera-t-il au tribunal avec l'interprète que vous connaissez? Ils seront très probablement condamnés. »

Autre lettre :

« Vous souvenez-vous des braves gens à qui nous avons loué une petite forêt, qui l'ont ensuite vendue à un autre, puis, qui nous ont extorqué des arrhes pour nous revendre les arbres de ladite forêt? Ils ont été acquittés sous prétexte qu'ils étaient prêts à nous livrer les arbres. C'est à mourir de rire ou à pleurer de rage ; tout cela parce que l'interprète a traduit leurs réponses suivant ce qu'on lui avait donné avant l'audience. »

La justice se rend ainsi, ou l'on est persuadé qu'elle se rend ainsi. On calcule le chiffre dont certains interprètes ou greffiers peuvent de cette manière grossir leur traitement : l'accessoire égalerait cinq ou six fois le principal.

Nous ne le dirons jamais assez: l'intégrité, la bonne volonté, l'impartialité du juge sont hors de cause. Mais sa conscience vient se briser à son ignorance de l'arabe ; il ne peut se prononcer que sur ce qu'on lui dit, et il ne sait que ce qu'on veut.

L'interprète égare l'indigène en lui posant la question et le juge en lui transmettant la réponse. On cite des traits qui, s'ils n'étaient odieux, seraient comiques. Un interprète interroge un plaideur : « N'est-ce pas que ta femme est malade ? — Oui, fait l'Arabe. » Aussitôt l'interprète : « Il avoue, monsieur le juge. » Il n'y a pas à demander : Qui trompe-t-on ici ? C'est la justice.

Or, il ne faut pas que la justice soit trompée ni faussée ; il ne faut pas que ce soit une chose qu'on vende et dont on s'enrichisse impudemment. Dès lors, on ne saurait sortir de ce dilemme. Il faut que le juge français sache l'arabe ou qu'on rende sa juridiction au juge musulman. Car prétendre former un corps d'interprètes incorruptibles et les mettre à l'abri de la tentation, rêver d'obtenir dans le creuset de la corruption orientale l'interprète moralement pur, ce n'est ni plus ni moins que chercher la pierre philosophale.

Prévenez vos cadis ; dites-leur qu'à la première faute ils seront impitoyablement châtiés : portez une peine exemplaire contre le juge prévaricateur. Cette précaution prise, restituez au cadi tout ou partie de ses anciennes attributions.

C'est la meilleure solution à laquelle on puisse s'arrêter. Elle soulagera le juge de paix écrasé sous la charge ; elle relèvera le cadi abaissé et déconsidéré. Si peu qu'on veuille, injurieusement, supposer que doive valoir le cadi, il vaudra mieux que l'interprète, ne fût-ce que par son extraction, ses origines sociales, et c'est beaucoup pour les Arabes.

Quant à la qualité de la justice, elle sera au moins égale à ce qu'elle est maintenant. Aux indigènes elle paraîtra supérieure. La justice sera plus près du justiciable, et il la sentira bien plus directement. Etant plus près, elle sera plus rapide ; étant moins lente, elle sera moins vexatoire et moins coûteuse.

Nous avons fort récriminé en France contre la cherté de la justice ; elle nous est donnée pour rien, en comparaison de ce qu'elle coûte aux indigènes de l'Algérie, qui sont très pauvres.

Dans bien des cas, la somme des frais avant jugement a dépassé la valeur de l'objet en litige.

Pour se représenter clairement les choses comme elles sont, qu'on imagine un très grand cercle. Le juge est au centre et le justiciable à la périphérie.

Il faut faire glisser la justice de celui-là à celui-ci. L'agent de transmission le plus actif est l'huissier. Il est continuellement en route, allant de l'un à l'autre, et le prix de ses déplacements augmente avec la distance. Le coût moyen d'une assignation, basée sur la superficie moyenne d'une circonscription judiciaire, varie entre 15 et 20 francs. Trois ou quatre voyages de l'huissier, et le justiciable, qui était extrêmement pauvre, sera totalement ruiné.

Il y a de l'effet à la cause une disproportion monstrueuse. Voici un exemple frappant. Sept indigènes ont fait dépouiller par leurs chèvres de jeunes pousses dans un bois. On leur demande de donner *cinq francs* pour le garde. Ils refusent de s'arranger. On les poursuit. Sait-on combien ils ont payé, tout compte fait ? *Cinq cent soixante francs.* Le dommage réel était estimé à un franc.

Autre exemple, non moins topique : un indigène a acheté un melk qui lui coûte *quatre cent trente francs.* Le droit des vendeurs, comme il arrive souvent, est incertain et contesté. Il y a procès. Lorsqu'on m'a raconté l'affaire, c'était la *dixième* fois que l'indigène allait à Constantine. Cent kilomètres environ pour aller, cent kilomètres pour revenir, il avait fait, pour ce champ de 430 francs, plus de *deux mille kilomètres,* dépensé déjà près de *six cents francs,* et il n'était pas sûr que la vente serait validée.

Je l'accorde volontiers : ce n'est point la faute des juges. Et pourtant, si, c'est leur faute. Ou c'est la faute de notre organisation judiciaire. Elle embrasse trop et étreint mal. Elle n'étreint pas du tout, car ce qu'elle embrasse est insaisissable pour elle. Des circonscriptions trop vastes, une langue que le juge ignore et qui le condamne à subir le courtage véreux des interprètes. De là, de la distance, de l'ignorance de la langue, l'impossibilité matérielle d'une bonne justice, c'est-à-dire d'une justice raisonnée, impartiale, prompte et à bon marché.

Obstacles physiques, obstacles dans le juge. Nous n'avons pour les masquer que la supériorité abstraite de notre droit. Mais c'est précisément ce que le Kabyle ou l'Arabe goûte le moins, ce qu'il est incapable de comprendre.

Cette cervelle inculte est fermée aux abstractions ; elle n'a l'intelligence que du concret, et le concret, pour l'indigène, c'est le nombre de voyages qu'il doit faire au chef-lieu, le nombre de *douros* qu'on lui prend, le nombre de moutons ou d'oliviers qu'on le force à vendre. La belle consolation que notre loi soit un monument, si elle s'effondre sur lui de toute sa masse et de tout son poids!

Mieux valaient la tente et le gourbi, le droit grossier et la coutume grossière. Ni l'Arabe ni le Kabyle ne sont accoutumés à loger en des édifices. J'ajoute que le colon, lui aussi, s'installe plus sommairement. Ce n'est pas d'un château de style Louis XIV qu'il a besoin, avec la longue file et l'ordonnance impeccable de ses appartements. Isolé qu'il est, entouré de gens d'une autre race, d'une race vaincue et rancunière, il a besoin d'un toit qui le protège, d'un abri dont la serrure ne soit pas un jeu de patience et qui ne mette pas des mois à le recevoir. Il a besoin d'une justice dont la clef soit sans cesse à sa portée.

L'organisation actuelle de la justice froisse et irrite les indigènes; elle ne satisfait pas le colon. Les exigences de notre procédure, qui sont ennuyeuses chez nous, deviennent là-bas intolérables et d'une absurdité qui déconcerte. On m'adresse à ce sujet la communication suivante :

« Lors de votre visite, je vous ai conté l'incendie qui a brûlé deux cent cinquante hectares à Ch..... A... Avec le garde général, j'ai fait verbaliser contre plusieurs indigènes qui ne s'étaient pas rendus au feu et qui avaient refusé d'y aller. L'administrateur de T... a porté plainte devant le juge de paix, lequel a déclaré que la réquisition n'ayant pas été faite en forme (*écrite sur papier timbré par l'administrateur qui réside à* 28 *kilomètres de là*), il n'y avait pas lieu de donner suite. »

Le moindre commentaire gâterait le morceau. Mais qu'en doit-on conclure ? Que la loi française, la procédure française, le juge français, peuvent convenir en France, mais que leur importation en Algérie, tels quels, sans retouches ou seulement avec des retouches insignifiantes, est un non-sens et un danger.

Dans la distribution quotidienne de la justice, il y a maldonne ; les indigènes vous le crient, les colons vous le crient. Quand le juge lui-même critique la justice, comment douter qu'elle soit défectueuse ? Les cadis se plaignent d'être peu à peu annihilés ; les juges de paix se plaignent d'être tout ensemble surmenés et impuissants.

Il n'est que de très hauts magistrats qui expriment leur contentement ; mais entre eux et le Kabyle, il y a les neiges du Djurjura ; entre eux et l'Arabe, il y a le désert.

Que reste-t-il donc ? La supériorité intrinsèque, objective, de la loi française. Si la justice peut valoir quoi que ce soit indépendamment du justiciable, tenons-nous-y ; si, au contraire, la première vertu de toute justice est d'être faite pour le justiciable, avisons et revisons.

J'entends bien qu'on va protester et que nous allons assister au défilé des prétendus principes. Je réponds que nous avons à nous soucier des principes infiniment moins que de la vie, et de la vérité abstraite infiniment moins que de la réalité concrète.

On va mettre en avant le principe de la souveraineté. Nous tenons de notre souveraineté le pouvoir et le devoir d'implanter en Afrique notre droit et notre justice. Qui songe à le nier ? Mais, on le demande, en quoi serait compromise cette souveraineté, dont l'exercice de la justice est le signe manifeste, si nous rendions aux cadis une part de l'autorité que nous leur avons enlevée ? Que les juges soient musulmans ou Français, n'est-ce pas nous qui les instituons, les surveillons, les maintenons ou les destituons ?

Veut-on savoir ce qui se cache ici sous l'apparence rigide d'un principe ? C'est l'éternel ennemi, l'universelle plaie de l'Algérie, la politique, la clientèle électorale. Il faut que les cadis aient moins d'attributions, parce qu'il faut qu'il y ait plus de sièges pour la magistrature française. Et il faut qu'il y ait plus de sièges français, parce que, le musulman n'étant pas électeur, on ne perd rien à le sacrifier, tandis que, le Français votant, on gagne tout à l'obliger.

Au demeurant, expliquons-nous. Il ne s'agit aucunement de renverser les rôles et de donner à la justice musulmane le pas sur la justice française. Dès que l'une des parties est un Européen, la juridiction naturelle, c'est la juridiction française. Mais lorsqu'il n'y a en cause que des indigènes, pourquoi pas la juridiction musulmane ?

Est-il admissible un instant que, devant les cours d'assises, les Arabes et les Kabyles soient déférés à un jury européen ? Que diront à cela ceux qui, à tout propos, invoquent les principes ? Le principe du jury, c'est que l'accusé est jugé par ses pairs : les pairs de l'indigène, sont-ce des Européens ?

Il ne s'agit point de composer un jury de douze indigènes. Ce serait verser dans l'excès opposé. Les colons condamnent toujours ; les musulmans acquitteraient toujours. Ce qu'il y a à faire, qu'on le cherche ; l'équilibre nécessaire, qu'on le trouve. Mais il faut démonter et remonter la balance. Un des bras du fléau est trop long et trop lourd pour l'autre.

On objectera probablement aussi que l'unité de loi et de juridiction est l'agent le plus efficace de rapprochement et d'assimilation. Cela, non plus, on ne le nie pas. Mais l'efficacité, loin d'être diminuée, sera accrue, doublée, si la loi établie et la juridiction constituée ne froissent, ne lèsent ni l'une ni l'autre des populations en contact. Un droit pour deux, soit ; mais, dans ce droit, chacun son droit.

Notre erreur a été de viser à l'idéal et de vouloir l'atteindre d'un seul bond. Nous avons pris pour point de départ ce qui ne sera que le point d'arrivée. Rapprochons-nous de la terre : sachons, en Algérie, redevenir un peu primitifs et barbares.

Juxtaposons les cadis aux juges de paix, comme

les indigènes sont juxtaposés aux colons. Soyons même plus souples et plus libéraux. Ne brisons pas tout à fait, restaurons la juridiction communale. Au criminel, ne livrons plus l'indigène à un jury d'Européens. Au civil, que nos juges français prennent l'avis d'assesseurs musulmans. Introduisons ou développons ce système du droit mixte, du tribunal mixte.

Surtout, réservons pour la France notre conception française de la justice.

La loi française, pure de tout mélange, n'est pas plus applicable à des colons qu'à des Arabes. Moitié de loi française et moitié de coutumes locales, moitié par le juge français et moitié par le juge musulman, fondons sur la réalité, sur les circonstances historiques et physiques, sur la vie d'hier et la vie d'aujourd'hui, une loi algérienne et une justice algérienne.

CHAPITRE IX.

JURIDICTIONS EXCEPTIONNELLES. — LES ADMINISTRATEURS.

J'y reviens encore. Nous avons pris pour point de départ ce qui devait être le point d'arrivée, pour moyen d'assimilation ce qui devait être l'objet de l'assimilation. La base, il fallait la chercher dans les circonstances physiques et historiques, dans la vie du pays. Il fallait partir de l'indigène pour s'élever jusqu'au Français. C'était à nous d'amener peu à peu ce peuple de ses idées à nos idées, de le conduire tout doucement de l'enfance à la majorité. Nous l'eussions introduit ainsi, sans effort et sans secousse, à notre civilisation. Au lieu de l'y introduire, nous avons essayé de l'y projeter violemment, si violemment qu'il s'est cassé la tête contre la muraille.

Cependant nous, de notre tour d'ivoire, nous ne

cessons pas de le haranguer, de lui vanter la beauté de nos principes et l'excellence de nos lois. Mais ni les principes ni les lois ne sont articles d'exportation. Le dernier mot de l'art politique comme de l'art comique est, pour employer l'argot du théâtre, « d'entrer dans la peau du bonhomme ». C'est un art qui nous a manqué. Mis en face des indigènes, obligés de travailler avec eux et sur eux, nous n'avons vu que nous-mêmes, nous ne les avons pas vus. Nous sommes partis, non pas de là-bas, mais d'ici, non de l'Orient, mais de l'Occident, non de la conception musulmane, mais de la conception française de la justice.

Pourtant, nous sommes partis, un jour, d'où il fallait partir en instituant, pour ce peuple qui n'est pas nous, des lois et des juridictions qui ne sont pas les nôtres: les commissions disciplinaires, le séquestre, la responsabilité collective, le code de l'indigénat. Mais il est singulier que ce soit précisément ce que nous avons fait de bon qu'on nous conseille de détruire. « La responsabilité collective, écrivait-on tout récemment, est une mesure de salut public qui blesse l'équité. » C'est là le point de vue du professeur de droit, c'est là une conception française.

Du point de vue arabe on jugerait différemment.

La responsabilité collective peut blesser « l'équité » chez nous, où l'unité sociale est l'individu, où chacun est une personne nettement et fortement constituée. Chez les Arabes, où il n'est qu'une cellule à peine distincte dans la tribu; chez les Kabyles, où il n'est qu'un membre à peine libre de la famille, du quartier, du village et de la confédération, la responsabilité collective est parfaitement équitable. Elle est, en outre, nécessaire. J'ai dit que, lorsqu'un crime est commis dans un douar, les gendarmes ont beau courir; le cercle s'est refermé sur le coupable : ils ne le trouveront pas. Ce sera bien pire s'il s'agit d'un de ces crimes qui ne se commettent guère qu'en commun et après délibération, massacres de colons ou incendies de forêts.

Les principes sont fort respectables, mais il n'y a ici qu'un seul principe : ce n'est pas tel ou tel indigène, c'est telle ou telle tribu que nous avons devant nous. Cette tribu demeure, quoi que nous fassions, indivisible, impénétrable. L'Européen qui se fixe sur son territoire est le clou qui se perd dans le bois, et non pas le coin qui le fait éclater. Elle est une, après comme avant. Si vous ne voulez pas que quelques indigènes commettent un gros crime, intéressez la tribu tout entière à ce qu'il n'en soit pas commis. Nous l'avons fait, et nous avons bien fait. Nous l'avons fait, et il ne faut pas le défaire. Nous n'avons dépassé ni notre droit ni le droit. Nous nous sommes simplement conformés à la vie, puisque, en effet, l'Arabe, c'est son douar, et le Kabyle, c'est son village.

Est-ce à dire que, dans la pratique, il n'y ait aucune précaution à prendre, aucune réserve à garder ? Tout au contraire. Justement parce que ce sont pour nous des lois et des tribunaux d'exception, nous ne devons en user qu'avec la plus grande prudence. Comme ce sont des mesures de salut public, il n'y faut recourir que si l'ordre public est gravement menacé. Il ne faut point céder aux entraînements. Il faut prendre garde que la répression ne se transforme en oppression. L'application de ces lois exceptionnelles est affaire à la fois d'honnêteté et d'habileté.

Il en est de même, à un moindre degré, de l'ensemble de prescriptions qui forment ce qu'on appelle le Code de l'indigénat. Ces prescriptions et l'application, tempérée ou rigoureuse, qui peut en être faite, acquièrent une importance extrême de ce que l'indigène les rencontre chaque jour, à chaque pas, et de ce qu'elles peuvent, à toute heure, le froisser en cent endroits.

Ce ne sont, il est vrai, que des pouvoirs de police, mais très étendus. Police d'état de guerre, sur une population vaincue, en pays occupé. Moins étendus, ces pouvoirs seraient inefficaces. Il ne s'ensuit pas qu'ils doivent être exercés arbitrairement. C'est ici que peuvent, que doivent intervenir les idées modernes et occidentales, car la guerre, à présent, a son droit comme la paix. Surtout, qu'une pareille autorité ne soit pas confiée sans choix au premier venu.

Or l'administrateur de commune mixte est trop souvent, en Algérie, le premier venu.

On sait ce qu'est l'administration municipale ou locale de l'Algérie. Des communes de plein exercice, qui sont nos communes françaises. Des communes mixtes où, à côté d'un centre européen, se trouvent réunis divers douars indigènes. Dans la zone militaire, au sud, des territoires de commandement.

Les territoires de commandement sont laissés aux bureaux arabes : ils ressortissent aux commandants de cercle, de subdivision, de division et, par eux, au gouverneur général. Les communes de plein exercice ont, ainsi que les nôtres, leurs maires et leurs conseils municipaux. La principale différence est que les maires sont rétribués.

Les communes mixtes ont à leur tête un administrateur.

La circonscription de la commune mixte, comme celle des justices de paix, est très vaste. En parcourant la liste, je relève des superficies de 67,000, de 82,000, de 92,000, de 101,000, de 145,000 hectares.

Les populations correspondantes sont de : 33,000, 21,000, 16,000, 27,000, 29,000 indigènes.

Dans ces circonscriptions immenses, sur ces populations nombreuses, la loi revêt l'administrateur d'une puissance — je cherche l'épithète et ne trouve que : dictatoriale. Pouvoir dictatorial, parce que la loi le veut ainsi et parce que la configuration géographique, les conditions physiques le font ainsi. Point de contrôle : le contrôle impossible à cause de la distance, ou le contrôle trop haut et trop loin.

De petits royaumes arabes sous la régence de petits souverains français, de petits beyliks dont l'administrateur est le bey. Le grand, le vrai souverain est à plusieurs centaines de lieues : quoi d'étonnant si l'administrateur, armé de plus de droits dans sa commune que le président de la République dans l'Etat, se laisse parfois emporter jusqu'à abuser ?

Pour résister et ne jamais faillir, il faudrait qu'il fût un saint, et le milieu d'où on l'extrait n'est pas celui où les saints se recrutent généralement. Au fait, d'où sort-il, ce petit souverain, et qu'était-il hier ? Une enquête sur ce sujet aboutirait à de curieuses constatations. Mais qui l'a tiré de là et poussé jusqu'ici ? Toujours la même force : la clientèle, la faveur, la *politique*. Comment se gouverne-t-il dans sa nouvelle situation ? Ah ! cela, il est bien difficile de le savoir, attendu que c'est à lui-même qu'on demande des renseignements sur lui-même, lorsqu'on se renseigne officiellement.

Quant aux bavards, n'oubliez pas que l'administrateur a pour les faire taire le Code de l'indigénat, qui lui fournit matière à mille menues vexations. Il a le droit de réquisition : Mohammed lui a déplu ; c'est son mulet qui marchera. Mohammed a le malheur de se plaindre : il fera cinq jours de prison.

Je n'insiste pas. Ce que j'ai pu recueillir sur ces

agissements est très vague, et je ne le tiens que de colons et de fonctionnaires. Les indigènes n'osent pas parler : on dirait qu'ils sont sous le coup d'une sorte de terreur.

Le plus hardi que j'aie rencontré est un Kabyle qui avait payé deux fois l'impôt de la capitation. Encore s'était-il assuré d'un coup d'œil que toutes les portes étaient fermées. Puis, me touchant le collet : « Ce qu'on m'a fait, me dit-il, je vais te le raconter dans l'intérieur de ton paletot. Mais ne le répète pas : il m'arriverait mal. » Ce qu'on lui avait fait, à lui, est peu de chose ; ce qu'il a ajouté, s'il fallait y croire, serait honteux et odieux ; personne en France ne le tolérerait.

Les autres indigènes que j'ai interrogés m'ont répondu par des sentences : « Les perruquiers apprennent leur métier sur la tête des orphelins. » Quoi qu'il en soit, voici deux points constants. Le personnel des administrateurs s'est fort amélioré dans les dernières années : on en cite maintenant quelques-uns qui sont absolument sans reproche. Néanmoins, en dépit de cette amélioration, presque tout le monde est unanime à réclamer le retour au régime des bureaux arabes.

On ne se dissimule pas que, sous ce régime également, il y avait des abus. Mais on remarque que ceux qui les ont dénoncés jadis ne les ont pas fait disparaître, et que cette vertu superbe avait son mobile caché dans le désir d'occuper de bonnes places. Ces bonnes places une fois conquises, la vertu n'a plus eu de stimulant ni d'aliment. Somme toute, il n'y a rien eu de changé, si ce n'est le nom de la fonction et le titulaire de l'emploi.

De moins éclatants scandales, mais des scandales plus fréquents. J'ai dit que les communes mixtes étaient de petits beyliks. Qui, aujourd'hui, si ce n'est les adjoints indigènes, appelle-t-on les Turcs, en Algérie ?

Ou un contrôle impitoyable ou autre chose. C'est autre chose qu'on préférerait. Par lassitude et dégoût de ce qui est, on regrette ce qui a été, tout en sachant que l'âge d'or n'est ni devant ni derrière soi. Les Arabes expriment en ces termes ce sentiment complexe, fait de mécontentement et de résignation : « Mangé pour mangé, mieux vaut l'être par les lions que par les chacals. » Les Kabyles, moins nobles et plus attachés à l'argent, emploient une autre expression. Un Kabyle m'a dit : « Un officier tient son sabre d'une main et ne peut tendre qu'une main pour recevoir ; un administrateur met son parapluie sous son bras, et il peut tendre les deux mains. »

Mais, lions et chacals ou sabre et parapluie, la métaphore seule diffère : le sentiment est le même. Pour nous, nous ne voulons dire ni que l'administrateur tend les deux mains, ni que l'officier de bureau arabe en tendait ou en tendrait une. Je suis très disposé à croire qu'il y a dans ces doléances de la rancune des vaincus, de la haine de corvéables, de la mauvaise humeur de contribuables et, par surcroît, une part d'exagération orientale.

Ce qui est certain, c'est que de toutes les communes de l'Algérie monte la même supplication : « Rendez-nous les bureaux arabes ! » Peut-être, s'ils avaient les bureaux arabes, les indigènes s'écrieraient-ils : « Donnez-nous donc des administrateurs ! » On ne sait, et l'on ne veut pas faire, entre les uns et les autres, une comparaison dont on n'a pas les éléments.

A ne considérer que notre intérêt, l'administration par les bureaux arabes devait être plus efficace. Et, d'autre part, comme elle était infiniment plus respectée ou redoutée, elle pouvait être infiniment moins tracassière. Derrière chaque officier, l'Arabe voyait l'armée. Cet officier ne faisait pas un à ses yeux, mais plusieurs mille ; l'administrateur ne fait qu'un : les indigènes n'aperçoivent pas la France, c'est-à-dire la force, derrière lui.

Sans doute, lorsqu'il sévissait, le bureau arabe frappait du pommeau de l'épée au lieu de frapper seulement du poing fermé, mais il avait beaucoup moins à sévir. Avec l'officier, souvent l'imagination suffisait. Avec les administrateurs, l'imagination ne parlant plus, il faut aller jusqu'à l'action.

Cette discussion sur les mérites respectifs des administrateurs et des bureaux arabes n'est, au demeurant, que d'une importance secondaire. Qui que ce soit, militaire ou civil, à qui l'on remette ce pouvoir quasi dictatorial dont il est impossible de se passer en Algérie, l'essentiel est de le bien choisir et de le bien surveiller.

Les deux vices du système actuel sont un recrutement défectueux et l'absence de tout contrôle. Ce n'est pas contre la loi qu'une révolte est à craindre ; c'est contre les hommes. La loi est dure, mais ne dépasse point l'idée que les indigènes se font de la justice et de la souveraineté. C'est l'exécution taquine et pointilleuse qui les blesse.

Ils aiment mieux un coup de pistolet que de continuelles piqûres d'épingle. Leur langue, qui est riche en proverbes, en a peu d'aussi suggestifs, d'aussi profonds que celui-ci : « Règle-moi mon compte comme à ton ennemi et nourris-moi comme ton frère. »

Il y a là, sachons l'en tirer, la véritable formule de l'organisation de l'Algérie.

Maintenons, pour les cas exceptionnels, les juridictions, les pénalités d'exception ; conservons le séquestre et la responsabilité collective. Maintenons, en le modifiant et l'amendant s'il y a lieu, le Code de l'indigénat. « Règle-moi mon compte comme à ton ennemi. » De la fermeté, de la sévérité. Mais de l'équité : « Nourris-moi comme ton frère. » Je dirais volontiers : de la charité.

Appliquons le droit de la guerre avec les formes de la paix. Dans le texte, toutes les rigueurs ; dans la pratique, tous les ménagements.

Que le Code de l'indigénat, le séquestre, la responsabilité collective soient en notre main comme le mors qui, au besoin, arrête et refrène le cheval. Mais ne le tenons pas trop serré, ne raidissons pas trop la bride, ne scions pas la bouche à notre monture. Ou bien elle se cabrera, et nous risquerons d'être désarçonnés.

CHAPITRE X.

IMPÔTS EUROPÉENS. IMPÔTS ARABES.

Les impôts perçus au profit de l'Etat sur les Européens, en Algérie, peuvent être rangés en sept classes : 1º la contribution des patentes ; 2º les droits d'enregistrement, de timbre, de greffe et d'hypothèque ; 3º les droits de licence ; 4º le monopole de la vente des poudres provenant des manufactures de France ; 5º les droits de garantie des matières d'or et d'argent ; 6º les droits de vérification des poids et mesures ; 7º les droits de douane.

Les impôts perçus au profit des communes sur ces mêmes Européens sont la taxe des loyers et l'octroi de mer, en sorte que, comme on le rappelait récemment (1), par comparaison à la France, les Européens qui habitent l'Algérie échappent à l'impôt fon-

(1) Exposé fait par M. Burdeau, rapporteur du budget de l'Algérie, devant la commission de la Chambre des députés.

cier sur les propriétés non bâties (l'impôt sur les propriétés bâties a été établi seulement par une loi de 1884), à la contribution personnelle, mobilière et des portes et fenêtres, à la presque totalité des taxes sur les boissons, aux deux tiers des taxes sur les sucres, à l'impôt sur les allumettes et le tabac, à la totalité du droit de mutation par décès, à la moitié des droits d'enregistrement sur les donations entre-vifs, etc...

Pour ce qui est de l'impôt par excellence, de l'impôt foncier sur les propriétés non bâties, le décret du 2 juillet 1864 a admis en principe son introduction dans la colonie : « Mais, disent les bons auteurs, les travaux du cadastre, souvent entrepris, n'ont pas été menés avec l'activité et la persévérance nécessaires pour l'organisation de cette branche importante des revenus publics. » Et voilà pourquoi, lorsqu'on lui parle de payer, l'Algérie est muette.

Des deux contributions principales qui, depuis un temps appréciable, pèsent — d'un poids d'ailleurs assez léger — sur les Européens fixés en Algérie, le produit de l'une, de l'octroi de mer, est réparti entre les communes de plein exercice et mixtes, au prorata de leur population européenne ou, du moins, sur cette base : dans les communes de plein exercice, un Européen compte autant que huit indigènes et, dans les communes mixtes, autant que quarante indigènes. Cela, d'après la fiction que l'Européen consomme, selon les cas, huit fois ou quarante fois plus de matières soumises à l'octroi de mer et, par conséquent, supporte, de ce chef, huit fois ou quarante fois plus de charges que l'indigène, ce qui n'est vrai que d'une vérité variable et relative. L'autre contribution, la taxe des loyers, ne frappe pas exclusivement l'Européen : elle atteint aussi l'indigène de tout sexe et non réputé indigent, qui demeure dans une commune de plein exercice. Dans les communes mixtes et les communes indigènes, la taxe locative est remplacée par les douze centimes additionnels ordinaires de l'impôt arabe.

Les impôts arabes actuellement perçus sont au nombre de quatre : 1° l'*achour*, qui est le dixième du produit net de la récolte, déduction faite de la semence, impôt sur les céréales ; 2° le *zekkat*, prélèvement sur les troupeaux qui s'opérait autrefois en nature et s'opère maintenant en argent ; 3° la *lezma* ; sous ce nom, on désigne deux espèces d'impôts : en Kabylie, c'est un impôt de capitation ; dans le sud des départements d'Alger et de Constantine, c'est un impôt sur les dattiers, à raison de 25, 30, 35, 40 et 50 centimes par pied d'arbre ; 4° enfin, le *hokkor*, qui grève les terres *arch* et qui, à proprement parler, est moins une contribution qu'une redevance féodale.

Aucun, du reste, de ces quatre impôts arabes n'est une contribution, dans le sens que nous attachons à ce mot ; aucun n'est le prix, plus ou moins volontaire, d'un service public ; ils ne se présentent avec ce caractère ni à l'esprit des indigènes quand ils les acquittent, ni à nos yeux quand nous les employons. Les deux premiers, l'*achour* et le *zekkat*, sont réputés d'institution koranique : ce sont des dîmes religieuses ; la *lezma* des palmiers peut également passer pour une dîme religieuse. La *lezma* de Kabylie est le tribut imposé par les vainqueurs aux vaincus, et le *hokkor*, on le répète, est une sorte de redevance féodale.

Cette simple et brève observation sur la nature de l'impôt arabe suffit à indiquer que les indigènes ne récriminent pas contre ces impôts en eux-mêmes. Pour eux, ce sont, d'une part, des dîmes religieuses, et ils les doivent en vertu de la Loi ; d'autre part, des tributs de conquête, et ils les doivent en vertu de la Force. Mais ils protestent contre l'exagération du tarif, contre la mauvaise répartition, contre la mauvaise perception de l'impôt.

En ce qui concerne l'exagération du tarif, les plaintes que nous avons recueillies visent surtout la *lezma* kabyle. Telle qu'elle avait été instituée par le maréchal Randon, immédiatement après la soumission de la province, le 18 janvier 1858, la capitation comprenait quatre catégories. Les gens riches payaient 15 francs par tête ; les gens aisés, 10 francs ; les gens de ressources médiocres, 5 francs ; les pauvres ne payaient rien. Le taux de la capitation a été successivement augmenté jusqu'à être, avec les centimes additionnels, de 6, 12, 18, 60 et 120 francs. Il se peut que ce soit excessif. J'ai entre les mains un document curieux dont j'extrais le passage suivant :

« Nous avons appris que le tarif de la *lezma* était quintuplé.

« Si ce système devait réellement être appliqué, il nous serait impossible de vivre.

« Il est très facile de le prouver en comparant le

produit de nos récoltes avec le montant des impôts de toute nature que nous avons à payer.

« Ainsi, prenant, par exemple, l'évaluation de la fortune de l'un d'entre nous :

Trois maisons pour sa famille (trois hommes),

Deux cents figuiers,

Trente oliviers,

Un hectare de culture de céréales,

Un mulet,

Un âne,

« La récolte donnera :

1° Pour chaque figuier, dix kilos de figues fraîches ou cinq kilos de figues sèches, à 10 francs le quintal sur place, soit, pour deux cents figuiers, dix quintaux. . . . . 100 »

2° Pour chaque olivier, six litres d'huile, à 50 centimes le litre, soit, pour trente oliviers, cent quatre-vingts litres. . . 90 »

Produit net de la récolte en céréales d'un hectare, frais déduits. . . . . 50 »

Total. . . 240 »

« Voyons maintenant quel est le montant des impôts :

Impôt de capitation

Le chef de famille, ci.	100	»
Centimes additionnels.	20	»
Deux enfants, à 18 francs chacun, soit.	36	»

Taxes municipales

Trois maisons.	10	80
Centimes à l'impôt foncier. . . .	2	90

Chemins vicinaux

Un mulet.	4	50
Un âne.	1	50
Trois hommes à 6 francs.	18	»
Total. . .	193	70

« Ajoutons un fait qui paraîtra invraisemblable, mais qui est de notoriété publique : c'est que tout Kabyle qui possède un mulet est censé commerçant et, qu'il le soit ou non, est soumis à la patente, soit.   18   »

Total. . . 211 70

« Si l'on déduit du revenu la totalité des impôts,

il restera *vingt-huit francs trente centimes* pour faire vivre la famille pendant toute une année. »

Je ne prends pas ces chiffres à ma charge, je ne les garantis pas exempts de toute foi punique. Mais ils sont consignés dans une pétition adressée, en 1887, au gouverneur général par le douar des Beni-I..., de la commune de T...-O..., et il est bien invraisemblable que les signataires se soient flattés d'endormir et de tromper les bureaux. Je sais qu'il court toutes sortes de légendes sur la richesse des Kabyles et leurs facultés, comme contribuables. On m'a raconté gravement que, lors de l'expédition du général Lallemand, un forgeron de village avait tiré d'un vieux coffre plusieurs centaines de mille francs. De même il y aurait, paraît-il, quelque part, dans les montagnes, un grand propriétaire foncier, dont les troupeaux seraient plus nombreux et plus gras que ceux du biblique Laban et la fortune supérieure à trois millions. Ce serait, en tout cas, une exception, et je doute qu'on puisse trouver la paire. La règle commune, c'est la pauvreté.

L'immense majorité, la quasi-unanimité des Kabyles sont pauvres. Les statistiques prétendront ce qu'elles voudront. Il en est une qui démontre savamment que les « fermiers », les « bordiers » de la Grande-Kabylie dépensent de 5 à 6,000 francs par an. Mais, pour les dépenser, il faudrait les avoir. Il n'est malheureusement pas de fantasmagorie du calcul qui puisse les donner à qui ne les a point.

Et les gémissements vont leur train. « La Kabylie est ruinée. Ce qui valait cinquante francs y vaut deux francs ; ce qui valait cent mille francs y vaut deux mille francs. » On ne parle de rien moins que d'émigrer en masse. C'est l'exagération contraire. L'administration est naturellement portée à prendre, et le contribuable, surtout kabyle, naturellement enclin à refuser. De là, dans l'assiette de l'impôt, une tendance, pour l'administration, à taxer, sans mesure ; pour le contribuable, à mentir sans pudeur. L'administration est naturellement sourde, et le contribuable naturellement criard ; de là, dans la répartition de l'impôt, dans sa perception, une méfiance mutuelle, des accusations réciproques.

Je crois que, réellement, la confection des rôles se fait avec trop de légèreté. On y procède par à peu près, à vue de nez, entre fonctionnaires et comme en partie de plaisir. On s'en fie au rapport d'employés subalternes souvent indignes de créance. Un indigène n'a que deux vaches : on l'inscrit pour trois. Il réclame : « Paye d'abord : tu demanderas, après, une décharge. » Un indigène porte deux noms. Il s'appelle, par exemple, Amar-ben-Saïd Amrouch. On l'inscrit deux fois à la capitation : dix-huit francs pour Amar et dix-huit pour Amrouch. Il regimbe : « Paye d'abord. » C'est l'éternel refrain du fisc. « Mais, dit le Kabyle, je veux bien payer pour ma tête : je ne veux pas payer pour un autre. »

En effet, si les indigènes sont individualistes par quelque endroit, c'est par l'argent, par le sentiment de ce que chacun doit ou ne doit pas. Ils sont, en cela, comme tous les hommes : c'est l'intérêt, plus que toute chose, qui leur donne la conscience du Moi. « Eh! quoi! tu veux que je paye pour mon voisin, qui est méchant, qui ne craint pas Allah et qui me remerciera peut-être par un coup de couteau ! »

Le Trésor est inexorable.

Ici interviendrait, à en croire des confidences que j'ai reçues, mais dont il était impossible de vérifier l'exactitude, un singulier agent de perception : le bâton, la matraque. Le garde champêtre indigène ou l'oukaf montreraient les dents, et d'autant plus longues qu'elles sont affamées. Ce n'est pas sans peine que je me décide à ne pas effacer ces dernières lignes ; mais nous devons, nous, Français de France, avoir le courage de dire tout ce que nous avons entendu. Aux Français d'Algérie de démentir nettement : nous serons heureux qu'on se soit joué de nous.

Au fait, ce ne sont pas les Français qu'on accuse, ou bien on les accuse seulement de laisser faire. Ce sont les auxiliaires indigènes de l'administration française qu'on attaque avec cette violence. Mais comment se passer d'eux ? On se plaint qu'ils soient pris parmi d'anciens spahis et d'anciens turcos devenus ou demeurés ivrognes. Mais où les prendre ? On accuse les personnes : c'est le régime même qui est le grand coupable. C'est, en somme, le système des *collecteurs de tailles*, avec cette différence que la prime octroyée y a plus de part que la responsabilité. Nous avons fait de la perception de l'impôt arabe une opération commerciale sur le modèle de la participation aux bénéfices. Au point de vue du fisc, c'est à merveille. Mais n'y a-t-il que ce point de vue-là ?

Encore une fois, Dieu me garde de croire que les indigènes sont de petits saints. Et je ne crois pas, non plus, que nous en fassions des martyrs. Entre ceux d'entre eux qui accusent les receveurs de ne pas leur rendre leur monnaie et les receveurs qui les accusent de cacher, s'ils ont à payer 30 francs, une pièce de cent sous dans leur bouche et de ne l'en tirer qu'à la dernière extrémité, nous n'hésitons pas un instant, nous souvenant de ce proverbe : « Le rat alerte se nourrit sur la ration du chat. » Autant de soustrait au percepteur, autant de dérobé au chat, et le rat alerte d'entrer en joie. Mais trois points paraissent acquis : le taux de la capitation est excessif ; la répartition ne se fait pas assez sérieusement ; il y a, dans la perception, des abus, sur la gravité seule desquels nous ne sommes pas suffisamment édifiés.

Voilà pour les impôts arabes, envisagés séparément ; par comparaison aux impôts européens, l'excès est bien plus saisissant, plus scandaleux encore.

On a énuméré plus haut toutes les contributions que les Européens ne payent pas en Algérie. Au bout du compte, ils ne payent guère que l'impôt sur la propriété bâtie, que l'octroi de mer et la taxe locative. Et l'on a pu voir que de l'octroi de mer ils profitent huit fois ou quarante fois plus que les indigènes qui le payent aussi, et qu'ils ne sont assujettis à la taxe des loyers que dans les communes de plein exercice. Dans les communes mixtes et les communes indigènes, la taxe locative est remplacée par des centimes additionnels. Sur quoi? Sur les impôts arabes.

L'impôt ricoche et tombe, on ne sait d'où, en incidences inattendues. Il s'éparpille, se subdivise, se canalise à l'infini, pour arriver jusqu'au plus loqueteux des Arabes, jusqu'au Biskri porteur d'eau, qui, gagnant une vingtaine de francs, paye 1 fr. 50 par mois, jusqu'au misérable cafetier maure, jusqu'à la marchande d'herbes de la Kasbah, qui paye 0 fr. 20 par jour.

Jetez, à présent, un regard sur ce petit tableau synoptique:

Sommes inscrites au budget de 1887 (Dépenses).

Pour les indigènes	Pour les Européens
(3.262.422 habitants)	(467.834 habitants)

Justice	103.050 fr.	1.036.792 fr.
Culte	216.340	899.400
Instruct. primaire .	219.000	1.735.000
Total . .	538.390	3.671.192

N'est-ce pas que ces chiffres rapprochés sont assez significatifs? Ainsi, non seulement taux excessif, mauvaise répartition, mauvaise perception, mais, en outre, mauvais emploi, emploi injuste de l'impôt arabe. L'impôt arabe, à quoi ne le fait-on pas servir? Jusque dans le Sahara, on paye des centimes additionnels pour la constitution de la propriété. La commune mixte du Haut-Sebaou vote une subvention de 150 francs au cercle algérien de la Ligue de l'enseignement. Qu'est-ce qui donnera les 150 francs? Les centimes additionnels à l'impôt arabe. La commune de Tizi-Ouzou sollicite une augmentation de garnison. Comment se propose-t-elle de faire face aux frais? Elle demande qu'on lui adjoigne trois nouveaux douars indigènes.

Développez et concluez.

Des deux races qui forment la population algérienne, l'une paye beaucoup et n'obtient presque rien; l'autre ne paye presque rien et absorbe beaucoup; la France fait le reste. J'ose dire que ce n'est point pour cela que nous sommes allés et que nous restons là-bas, que cette duperie a trop duré, qu'il est temps qu'elle cesse : la France et l'Algérie y sont toutes les deux intéressées.

CHAPITRE XI.

L'INSTRUCTION PUBLIQUE.

Un agent efficace d'assimilation ou, du moins, de rapprochement, c'est à coup sûr, ce doit être l'instruction primaire. Mais prenons garde qu'on ne l'exalte sans mesure. Beaucoup de bons esprits en attendent tant qu'ils en attendent tout. La discussion des mois de février et mars, au Sénat, n'a guère été qu'un hymne au maître d'école. Pour ramener à nous les indigènes, créons des écoles, donnons-leur des maîtres. Pour leur apprendre à nous aimer, apprenons-leur à lire. Quand des enfants français et des enfants kabyles auront, pendant un an, épelé ensemble, ils seront bien près de fraterniser. Si vous voulez déraciner enfin le « fanatisme musulman », détruire la polygamie, fonder la propriété individuelle, attaquez ce peuple par les quatre règles. On a même fait cette découverte que, le jour où les Arabes sauront le français, et les Français l'arabe, il leur sera plus facile de se comprendre et de s'expliquer.

Cela, c'est ce que disent les utilitaires. Voici ce que disent les humanitaires :

Quand bien même nous n'aurions rien à nous en promettre, rien à en retirer, il serait encore de notre devoir étroit de faire tous nos efforts pour relever les indigènes algériens de l'ignorance et de l'abrutissement où ils croupissent. La France a une mission en Afrique : elle ne saurait s'y soustraire, et l'instituteur primaire est, par profession, son apôtre désigné. Non seulement son apôtre, mais son ambassadeur, car on construit là-dessus une politique à longue portée : s'adresser d'abord au Kabyle, qui est sédentaire, qui marque plus de dispositions, le façonner suivant les programmes, puis s'appuyer sur lui pour entreprendre l'Arabe et, au besoin, pour le combattre. L'intérêt et la civilisation, l'utilité et l'humanité se rencontrent en ce point commun : l'école. Et, certainement, il y a dans cet aphorisme une bonne part de vérité. Mais il se peut aussi qu'il y ait une bonne part de chimère, selon qu'on sait ou non borner ses espérances.

Oui, il faut essayer d'instruire les indigènes; oui, il est du devoir et de l'intérêt de la France de n'y pas épargner son argent et sa peine. Mais qu'on ne se nourrisse pas d'illusions, pour éviter les déceptions. Fût-elle répandue à flots, missions-nous à la faire pénétrer des millions et une armée, l'instruction primaire pourra rendre plus aisée la fusion future, elle ne l'opérera pas, à elle seule, immédiatement. Trop d'influences séculaires s'exercent et ne cesseront pas si vite de s'exercer en sens contraire. De même qu'il n'y a que la vie qui puisse engendrer la vie, il n'y a que le temps qui puisse triompher du temps et modifier la nature.

Nous nous heurterons à toutes sortes de résistances, dont la pire sera la plus passive, à l'immobilité, à la paresse et à l'inertie orientales. En fussions-nous venus à bout, il y aura toujours à craindre les brusques réveils et les soudains retours de la bête primitive. J'ai beau regarder : je ne vois que des murailles entre les races, et tant et tant que je n'imagine pas que nous réussissions à franchir la dernière. Cette réserve faite, y a-t-il un liquide corrosif, une eau-forte qui morde ce métal, un acide qui puisse désagréger et dissoudre ce quartier de roche? L'enseignement, à ses divers degrés, est-il cet heureux spécifique? Pour qu'il le soit ou qu'il le devienne, quels éléments doivent entrer dans sa composition?

Enseignement supérieur, secondaire et primaire, c'est parfait pour les fils de nos officiers, de nos fonctionnaires et de nos colons. Ou, si ce n'est pas parfait, ce ne l'est ni plus ni moins qu'en France. Pour les fils d'indigènes, l'enseignement supérieur et l'enseignement secondaire français manquent un peu de valeur pratique : le premier, parce que nos lettres ne sont pas leurs lettres, ni notre droit, leur droit ; le deuxième, parce qu'il les déclasse, ne leur offrant pas de débouchés.

Il y a bien, aux écoles supérieures d'Alger, des chaires de littérature arabe et de droit musulman. Il y a bien encore, à côté de ce haut enseignement français, une espèce d'enseignement supérieur musulman. Mais, à vrai dire, en dépit de tous les souvenirs historiques, fort approximatifs d'ailleurs, qu'on pourrait invoquer ici, il est permis de douter que, sauf exception, les indigènes actuels de l'Algérie, Arabes ou Kabyles, soient aptes à une culture transcendante.

J'ai assisté à une répétition dans une medersa. C'était la première leçon de l'économie politique, les divisions : production, distribution et consommation des richesses. Les auditeurs, des jeunes gens d'une vingtaine d'années, ouvraient de grands yeux ronds, prenaient notes sur notes et, visiblement, ne comprenaient rien. Pourtant le professeur leur accommodait le cours au goût arabe, faisant aux forces naturelles, au soleil, à la lumière, à l'air, une part bien plus grande que nous ne leur faisons. Comme j'entrais, on faisait au tableau le partage d'une succession d'après le rite malékite. Cet exercice représentait l'enseignement ancien, traditionnel, proprement indigène. La leçon d'économie politique était un hommage rendu au principe moderne et à la présence d'un Français. Autant que j'en pus juger, l'innovation doit porter peu de fruits.

De l'enseignement secondaire, il n'y a rien à dire que ce qu'on en a dit. Il est condamné et déconsidéré au regard des Arabes par le seul fait qu'il ne mène infailliblement à aucun emploi. Vainement on alléguera l'exemple de quelques sous-lieutenants, interprètes judiciaires ou militaires, etc. Que de jeunes gens, au sortir du lycée, en ont été réduits à mendier, le plus souvent sans l'obtenir, une place de *chaouch* ou garçon de bureau ! Que notre enseignement secondaire les mette à même, pourvu qu'ils soient d'une intelligence au-dessus de la moyenne, d'entrer en concurrence avec les petits Français, et une fois sur cent, de l'emporter, c'est à la rigueur, possible, mais c'est tout. Au point de vue purement théorique, intellectuel, au point de vue de l'art pour l'art, l'enseignement secondaire appelle, par rapport aux indigènes, les mêmes critiques que l'enseignement supérieur : il n'est pas fait pour eux. Mais j'ai hâte d'en venir à l'enseignement primaire, qui est le point réellement intéressant, qui est le nœud de la question.

On demande des écoles arabes françaises. Qui les demande ? Des Français, des maîtres français. Les Arabes en demandent-ils ? Non pas, que je sache. Mais, se récrie-t-on, il ne s'agit que des Kabyles. Soit : les Kabyles demandent-ils des écoles ? De plusieurs côtés, on répond : « Oui. » J'ai même lu dans un journal cette phrase stupéfiante : « Le Kabyle est avide d'instruction. » On en donne savamment les causes profondes, ethniques et psychologiques. On recourt aux Actes du concile de Kabylie, où le délégué du ministre, assisté de sous-préfets et d'administrateurs en uniforme, interrogea solennellement les *oumena*, les *kebar* et le peuple, — la démocratie kabyle. « — Voulez-vous des écoles françaises ? — Pardieu ! si nous en voulons ! — Y enverrez-vous vos enfants ? — Pardieu ! si nous les enverrons ! » Et de se toucher la barbe, et de mettre la main sur la poitrine, et de remercier le *beylik*, le « gouvernement béni ». A 400 lieues de distance, ces protestations larmoyantes se prennent pour argent comptant. De l'argent comptant, il y en a eu, mais c'est nous qui l'avons versé.

— On n'a pas assez dépensé. Je le veux : ce qu'on a dépensé a-t-il servi à quelque chose ? — — Voyez les écoles de Michelet, des Beni-Yenni, de Djemâat-Sahridj : revenez par Mékla et Tizi-Ouzou. — Mais n'est-ce pas la tournée classique des caravanes parlementaires et scolaires ? Vous ne nommez que deux ou trois écoles. — C'est que nous n'avons pas de quoi en bâtir d'autres. — Et, de fait, ce ne sont pas seulement les maîtres qu'il faut payer, mais les élèves, ou leurs parents.

Si l'on avait une statistique passable de la *scolarité*, non pas la statistique des enfants d'âge scolaire ni de ceux qui se sont fait inscrire à la rentrée, ni de ceux qui figurent, avec ou sans rétribution, dans les circonstances graves, non pas cette statistique-là, mais celle des enfants assidus à la classe, on verrait que ce qui manque le plus en Algérie, ce ne sont pas les écoles : ce sont les écoliers. J'ai visité les deux écoles arabes françaises d'Alger. L'une, dirigée, et remarquablement dirigée, par un nègre naturalisé, M. Fatah, a 160 élèves inscrits. J'en ai compté présents de 100 à 110. L'autre, qui a 170 inscrits, avait également 110 élèves présents. 160 élèves d'une part, 170 de l'autre ; en tout, pour la ville d'Alger : 330 inscrits. Et, maintenant, songez à la multitude de garçonnets d'âge scolaire qui grouille tout au long du jour dans les ruelles de la Kasbah.

Quand vous traverserez ces ruelles, vous entendrez comme un murmure de voix aiguës et nasillardes, comme un ânonnement de catéchisme. Poussez la porte et entrez hardiment. Vous êtes dans une *zaouïa* ou « foyer de fanatisme », pour employer une définition à la mode. De petits enfants assis à terre par groupes de trois récitent sous la surveillance d'un moniteur armé d'une courte baguette. D'autres, plus avancés, écrivent ou peignent sur des cartons. Un vieux *taleb*, au fond de la salle, lit, assemble ou colle les feuillets d'un livre. Ce que tout ce monde récite, copie, lit, c'est le Koran. L'éducation est commencée lorsque l'enfant sait le premier chapitre; elle est achevée lorsqu'il les sait tous jusqu'au dernier ; elle est admirable lorsqu'il peut, à partir du dernier verset, dévider l'écheveau à l'envers. Du coup, c'est à son tour de devenir *taleb*. Jamais, dût-il remplir les années de Mathusalem, il ne pensera à apprendre davantage. Il sait le Koran, le sait et le sait encore ; on peut le secouer dans tous les sens, le tourner ainsi qu'un moulin à prières : les paroles sortiront en ordre droit ou renversé, à la volonté des fidèles. Quant à comprendre, pas plus que nos dévotes balbutiant les Vêpres de leurs lèvres rapides, ne comprennent : *circuit quærens quem devoret*.

Cette *zaouïa*, bondée, au ras des marches extérieures, d'enfants musulmans qui marmottent des syllabes mystérieuses, vous donne l'explication que vous cherchez. Pourquoi l'école du *taleb* est-elle pleine ? C'est que le Koran y est tout. Pourquoi l'école française est-elle vide ou peu fréquentée ? C'est que le Koran n'y est rien. Encore, si les indigènes avaient la certitude qu'on n'y blasphème pas, qu'on n'y raille pas, ou que l'on n'y combat pas leur foi !

Jadis, la présence du *taleb* était pour eux une garantie. On n'a pas cru pouvoir la leur laisser. Pour qui l'Europe eût-elle pris les municipalités algériennes si elles n'eussent adopté la triple formule : gratuité, laïcité, obligation ? Gratuité, évidemment, et même ce n'est pas tout dire ; obligation, si l'on veut, bien qu'il soit plus commode de la décréter que de l'imposer ; mais laïcité !

Chez quel maire microcéphale cette idée a-t-elle germé ? Plus de *taleb* dans l'école, c'est comme si l'on eût dit : plus d'élèves à l'école. A qui parlez-vous d'écoles neutres, laïques, non confessionnelles ? A des gens qui conçoivent l'école comme un lieu où l'on enseigne une seule chose, par un seul livre, le livre religieux ; pour qui l'école est, dans son être moral et son corps matériel, une fondation pieuse, un appendice de la mosquée. Etes-vous certains que, plutôt que de vous envoyer leurs enfants, ils ne les enverraient pas aux Pères blancs ou aux jésuites, car, après tout, il est écrit, on l'a noté à propos de la justice, et il n'est pas oiseux de le répéter, il est écrit : « Les gens de l'Evangile jugeront selon l'Evangile. » Vous seuls êtes maudits et interdits qui ne jugez pas ou qui n'instruisez pas selon un livre de Dieu.

Dans l'embarras de leur conscience, placés entre des maîtres qui n'enseignent suivant aucun livre et des maîtres qui enseignent suivant un livre qui n'est pas le leur, n'ayant pas le *taleb* pour leur dire ce qui se passe et pour les rassurer, les indigènes esquivent la loi et n'envoient leurs enfants nulle part. Et c'est pourquoi, au lieu de 500,000 élèves qui devraient peupler nos écoles, nous en avons à peine 10,000. Entendez bien : à peine 10,000 inscrits. De ces 10,000 inscrits, ôtez 40 ou 50 0[0 d'absences habituelles ; vous avez, aux écoles arabes-françaises, tout juste un élève pour cent.

La qualité, au moins, compense-t-elle le défaut de quantité? J'ai peur que non : les cahiers ne le prouvent pas. Voici, pour l'orthographe et le calcul, un spécimen de ce que l'on obtient : « Les tigres sont plus *dans jeures* (dangereux) que *li lyon. Seux sie nataque* jamais *l'hommes amoin qu'il ne soi pro-*

voqui. Il ne *chasse* que *con* la *fin* les *pousses.* » — *Problème* : Combien coûteraient 2,500 kilos de dattes à 55 francs le quintal ? Cinq devoirs. *Réponses :* 1° 13 fr. 75 ; 2° 13 fr. 75 ; 3° 137 fr. 50 ; 4° 13,000 fr.; 5° 137,500 fr.

On répliquera que nous ne choisissons pas les meilleurs ; nous ne choisissons pas non plus les plus mauvais. Nous ne choisissons pas du tout. J'ai, en différents centres, fait mon pèlerinage à l'école et interrogé des enfants. Celui qui m'a donné le plus de satisfaction est un bambin de huit à neuf ans, non pas que ce qu'il disait fût merveilleux, mais à cause de son zèle et de sa vivacité. Passé dix ans, l'ardeur s'éteint : c'est une autre flamme qui s'allume. On m'a pompeusement exhibé un candidat à l'école normale primaire qui m'a eu l'air tout à fait ossifié. L'usage s'est établi, et il est louable, de faire venir en France chaque année une douzaine de jeunes maîtres ou sous-maîtres indigènes. A leur retour, ils doivent rédiger une relation de leur voyage. J'ai parcouru quelques-uns de ces récits. On demeure confondu de voir à quel point ils manquent d'impressions.

Est-ce la faute de leur esprit? Est-ce la faute de

nos programmes? Il y a là matière à une discussion dans laquelle je n'estime pas prudent à un profane de s'engager. C'est une affaire d'ordre intérieur, de pédagogie, de discipline. Pour nous, a question ne nous touche qu'en ce qu'elle a de général.

Mais je sens comme un remords qui me monte. Je tremble d'avoir blessé le plus humble de ces maîtres perdus dans les montagnes ou dans les oasis et qui, de leur mieux, loin de tout soutien, travaillent pour leur ancienne ou leur nouvelle patrie. N'apprendraient-ils aux petits Kabyles et aux petits Arabes que les six lettres du mot de France, ils seraient sacrés.

L'un d'eux a prononcé récemment le discours suivant :

« Notre mission est belle et grande. Nous ne la pratiquons pas dans toute l'acception du mot. N'oublions pas que les futures générations attendent de notre expérience une éducation et une instruction dignes de nous. De ce moyen naîtra, dans un avenir éloigné peut-être, un contingent d'auxiliaires dont le labeur sera moins pénible. De là, alors, ce rapprochement entre Français et Arabes, rapprochement qui est loin d'être satisfaisant. Tel qu'un père, s'appropriant un champ, use ses forces pour le défricher et faciliter ainsi à ses fils d'y passer la charrue, défrichons, de notre côté, tous ces écueils qui hérissent notre route, et la besogne sera plus simple à ceux qui nous succéderont plus tard. »

Le style n'est pas irréprochable, mais l'accent est sincère. On le saisira mieux lorsque nous aurons dit que l'auteur de ce morceau, instituteur à Saint-Antoine d'Oran, donne, en dehors de ses heures de classe, toutes ses soirées à l'instruction d'une vingtaine de ses jeunes coreligionnaires.

Une œuvre qui suscite des dévouements de ce genre, même en petit nombre, ne saurait être une œuvre complètement vaine. C'est à nous de ne pas la gâter et la compromettre en rêvant l'irréalisable.

Ne demandons pas à l'école plus qu'elle ne peut donner : demandons-lui ce qu'elle peut donner. Ne nous occupons pas des femmes. Les âmes généreuses qui comptent sur l'influence des femmes pour rapprocher de nous les indigènes ignorent que la femme arabe n'est rien, et la femme kabyle moins encore, qu'elle est exclue des héritages et qu'on en a pu voir naguère attelées à labourer avec des mulets ou des ânes.

Marchons lentement et progressivement. Nous rencontrons des répugnances. Si nous ne pouvons les emporter de haute lutte, tournons-les. Si elles sont invincibles, fléchissons devant elles. C'est le cas d'être opportuniste. Les indigènes s'effaroucheront moins si nous souffrons un *taleb* dans l'école : mettons un *taleb* dans l'école. Ils désireraient qu'on y enseignât le Koran, que nous devrions y faire enseigner le Koran.

Montrons-nous tolérants, comme à Constantinople : « Le roi des Turcs, disait, au seizième siècle, Jean Bodin, dans sa *République*, garde sa religion aussi bien que prince du monde et ne force personne, mais, au contraire, permet à chacun de vivre selon sa conscience et, qui plus est, entretient auprès de son sérail, à Péra, quatre religions toutes diverses... et envoie l'aumône aux bons Pères du mont Athos, afin de prier pour lui. »

Tout espérer de l'école neutre, c'est supposer la question résolue, c'est s'enfermer dans un cercle vicieux. Sans doute, l'assimilation serait plus près d'être faite si les indigènes voulaient envoyer leurs enfants à nos écoles arabes. Mais, pour qu'ils le fissent, il faudrait que l'assimilation fût faite. Elle ne l'est pas, elle ne le sera peut-être jamais. Si elle doit l'être un jour, elle exigera plus que des vies d'hommes : une vie de nation.

Ce n'est pas une raison pour ne rien tenter. Mais ne tentons que le possible. — Des écoles ! des écoles ! — Faisons d'abord durer et prospérer celles qui existent. Encourageons les élèves : c'est bien ; distribuons-leur des vivres et des vêtements : c'est une charité bien placée, c'est une aumône politique, et, d'autre part, ne décourageons pas les maîtres en reculant sans cesse notre idéal.

Si nous tenons absolument à un enseignement supérieur franco-arabe et si nous voulons que cet enseignement soit un facteur du rapprochement désiré, faisons en sorte qu'il tende à détruire les superstitions, comme sir Henry Maine le souhaitait pour l'Inde, non pas par des attaques délibérées contre les croyances musulmanes, mais par l'effet des données exactes de la science sur une religion qui abonde en fausses interprétations de la nature.

Faisons en sorte que l'enseignement secondaire ne soit plus une impasse : ayons un enseignement secondaire spécial franco-arabe, qui puisse conduire presque sûrement à des fonctions honorables. Ne perdons pas de vue que tout père indigène qui nous confie son fils se tient à lui-même le langage qu'un Kabyle tenait, un jour, au gouverneur : « J'ai envoyé mon enfant à l'école, et je n'ai encore rien demandé. »

Faisons surtout, faisons que l'enseignement primaire ait un caractère professionnel, ait principalement le caractère professionnel. L'intérêt est, ici comme partout, le grand mobile. Que cet intérêt soit évident, concret, palpable.

Quand nous aurons fait tout cela, notre tâche sera accomplie : l'école n'aura plus rien à nous donner.

Si le résultat est suffisant, nous attendrons du temps qu'il fasse le reste, et le résultat sera suffisant si la majorité des indigènes en sort plus disposée à recevoir notre civilisation.

S'il ne l'est pas, si l'école a échoué dans ce *minimum* de préparation qu'on avait le droit d'attendre d'elle, il n'y aura qu'à laisser agir la loi éternelle qui veut que, de deux races mises en contact, la race inférieure s'élève peu à peu jusqu'à se rapprocher de l'autre, ou soit éliminée impitoyablement.

CHAPITRE XII.

QUESTIONS DIVERSES.

Il faut se hâter. Aussi bien, je ne voulais et ne pouvais que poser dans ses grandes lignes ce qu'on a appelé, ce qui est réellement le problème algérien. Quand on aura dit quelques mots des travaux publics, des forêts, du projet de budget spécial, de la constitution de l'état civil des indigènes, de la naturalisation, des charges et des droits qu'il conviendrait d'y attacher, on en aura à peu près fait le tour ; tous les points du vaste programme élaboré par la commission du Sénat auront été, chacun au lieu que la logique lui assigne, en prenant pour base les faits et pour règle la vie, plus ou moins longuement traités.

Et d'abord, les travaux publics. Sans méconnaître l'importance et, dans certains cas, la magnificence de ce qui a été fait, on peut dire que le principal reste à faire, à cause de cette magnificence même. Je ne parle point des chemins de fer. Traversée comme elle l'est par une voie ferrée dans toute sa longueur, de l'ouest à l'est, attaquée et pour ainsi dire coupée par trois ou quatre voies qui vont de la mer au bord des hauts plateaux ou à la lisière du désert, l'Algérie a assez de chemins de fer. Ou du moins elle en a tout ce qu'elle est en droit de réclamer après soixante ans d'existence.

Si, de ce côté, elle doit désirer quelque chose, ce n'est pas tant de voir construire de nouvelles lignes que de voir accélérer la vitesse et baisser le prix des transports sur celles qui fonctionnent déjà. Il y aurait beaucoup à dire là-dessus, et aussi sur les effets, parfois inattendus, de la garantie d'intérêts; mais cette étude risquerait d'y perdre le caractère philosophique qu'on s'est efforcé de lui maintenir. D'un mot, ce ne sont pas les réseaux qu'il faut accroître, c'est la productivité.

Il y a, pour le moment, assez de chemins de fer en Algérie, par rapport à l'état de la colonisation. Sans doute, le chemin de fer lui-même est un agent puissant de la colonisation, et, plutôt que de la suivre, souvent il la précède. Mais est-il besoin de chemins de fer pour relier les grandes voies verticales aux grandes voies horizontales, et de bonnes routes, qui coûteraient moins cher, ne rendraient-elles pas les mêmes services ?

Des routes, les colons réclament des routes. Partout où je suis passé, je n'ai entendu que deux cris : les indigènes disaient : « De la justice ! » et les colons : « Des routes ! » Cela ne signifie nullement qu'il n'y ait pas de routes en Algérie. Il y en a, et de nombreuses et de fort belles ; il y en a d'amorcées par tronçons, qui s'annoncent superbement ; il y en a d'innombrables en projet. Mais le luxe des uns fait, ici, la misère des autres ; celles qui sont achevées sont si belles qu'elles sont trop belles. Est-ce la faute de la terre couverte de vestiges romains ? Les ingénieurs semblent hantés du noble mais coûteux souci de l'œuvre d'art. Ils fondent pour l'éternité. Là où ils viennent remuer des pierres, soyez tranquilles, ils laissent un monument. Mais là où il n'y a pas de monument, il n'y a rien.

Je connais un coin de paradis, entre Djidjelli et Constantine, qui est absolument abandonné. On y voyage comme on peut, changeant à chaque instant de moyen de locomotion. Un bout de route, puis les dunes, puis un chemin — construit par un particuculier. On passe les rivières à gué ; l'hiver, quand elles sont grosses, on ne les passe pas du tout : on est bloqué chez soi. Plus vous allez vers Constantine, jusqu'à Milah et par El Milia, plus l'expédition devient aventureuse. La piste arabe en pleine montagne, étroite, abrupte, glissante, difficile en tout temps et, lorsqu'il a plu, dangereuse. On suit le cours de l'Oued el Kébir par des sentiers en lacet, par des sentiers de chèvre, à pic, tantôt sur des rochers, tantôt dans la boue, tantôt sur des espèces de tables pareilles à des lits d'ardoise. Point de route et même point de chemin ; et pourtant, je ne sais où, dans les documents officiels, on parle pompeusement de grande communication. Aucune communication, ni grande ni petite, à moins d'être déterminé à arriver ou à se rompre le cou.

Je cite ce coin perdu, ou plutôt délaissé, du département de Constantine, parce que je le connais particulièrement bien ; on en pourrait citer mille autres dans toutes les parties de l'Algérie. Tout naturellement une question se pose : Où va l'argent ? Car, enfin, il y a des crédits votés et dépensés. Où passent-ils ? En travaux d'art. En routes spacieuses irréprochables, hautes sur remblais, bordées de fossés d'écoulement, suivant le formulaire des ponts et chaussées. Et voilà comme, au lieu de 100 kilomètres de chemins médiocres qui suffiraient, on a 20 kilomètres de boulevards et 80 kilomètres de fondrières.

Notez qu'il ne s'agit que de somptuosité, non pas d'improbité ou d'incapacité. Il s'agit de déperdition et non de dilapidation. Mais sait-on à combien cette déperdition est évaluée par des hommes compétents pour les travaux publics en Algérie ? *A soixante-dix-sept pour cent* des sommes employées. D'après ce calcul, les routes algériennes, comme, d'ailleurs, tout travail des ponts et chaussées, seraient grevées de :

60 0[0 de frais administratifs ;

10 0[0 de *boni honnête* à l'ingénieur en chef ;

7 0[0 aux conducteurs et autres.

Total : 77 0[0 de déperdition.

Il resterait donc *vingt-trois* pour cent d'effet utile, au maximum, et, si l'on comptait bien, l'effet utile se réduirait, paraît-il, à dix ou quinze pour cent, c'est-à-dire que, toutes les fois que les contribuables versent 100 francs pour qu'on leur fasse des routes, c'est, au point de vue du service effectif qu'ils en retirent, comme s'ils n'avaient versé que de dix à vingt-trois francs.

Ce qui est vrai des routes est également vrai des ports. Après soixante années d'occupation et trente années d'exploitation, l'Algérie, qui n'a de débouchés que par mer, n'a en quelque sorte pas de ports. Que valent Bougie, dont on ferait aisément une rade merveilleuse, et Djidjelli où il ne doit pas être impossible de ramener la sécurité? Et le port d'Alger lui-même, que vaut-il? Cependant il a été fait plans sur plans, devis sur devis. Abîmes insondables de l'œuvre d'art ! Tout y tombe, impôt et corvées, tout s'y noie, ressources et forces.

A court d'argent, l'administration s'adresse à l'impatience des intéressés. Vous avez besoin d'une passerelle. Il serait tout simple que vous la fissiez construire. Mais cette passerelle se trouve sur un chemin dont le tracé est déposé depuis longtemps dans les cartons. L'administration ne peut, par conséquent, s'en fier qu'à elle. Mais elle ne demande pas mieux que d'être obligeante. Votre passerelle, vous pourriez ne l'avoir que lorsque le tracé sera exécuté, lorsqu'il y aura des fonds, aux calendes grecques. La voulez-vous sans plus attendre? Vous n'avez qu'à avancer le prix. Ce sera pour rien : sept mille francs seulement. Le riverain se fait tirer l'oreille. Il calcule, à part lui, qu'il s'en chargerait pour douze cents francs. Devant le *non possumus* des ingénieurs, il cède.

Géomètres, topographes, conducteurs et piqueurs. On plante des jalons, on regarde dans des lunettes. Quatre ou cinq hommes viennent de loin, portant quatre ou cinq piquets. Puis tout ce monde s'en va. Des mois s'écoulent, il ne revient personne. Le colon se plaint. On lui répond le moins possible et le plus vaguement possible. Lassé d'être berné, le colon se fâche. Heureux, alors, si on ne lui avoue pas que de ses 7,000 francs on n'a plus le dernier sou, en l'assurant qu'on en avait ailleurs l'usage plus urgent, qu'on lui en demande bien pardon, mais que c'est l'affaire d'un mois ou deux, et qu'au premier crédit il aura sa passerelle.

Et, à coup sûr, il finit par l'avoir. Mais on saisit le vice du procédé. Il coûte plus cher et il va plus lentement. Cinq ou six fois plus lentement, cinq ou six fois plus cher; cinq ou six fois plus de matériel et de personnel. (J'ai vu bâtir une maison de cantonnier: quatre surveillants pour trois maçons.) Oh !

par exemple, ce sera parfait, et dans toutes les règles. Vous vouliez un sentier, vous aurez une promenade, ou, du moins, un tronçon de promenade; vous vouliez un chemin forestier, vous aurez le pavé du roi.

Les goûts somptueux, le sens du magnifique que l'administration a pour elle-même, elle prétend les imposer aux autres, et fréquemment elle en a le droit. Elle le fait dans ses cahiers des charges pour la location des forêts de chênes-lièges. Il lui faut des cantons, des quartiers, des coupes, des dessouchages, des débroussaillements, des routes, chemins et sentes concentriques, des tranchées périmétriques, larges de 50 ou de 100 mètres. Ce n'est plus une forêt au fond de la petite Kabylie ; c'est la forêt de Fontainebleau ou le parc de Versailles. Et le résultat pour le concessionnaire ? L'aménagement n'est pas achevé qu'il a mangé son capital. Il abandonne la lutte, désarmé et découragé. On me communique la lettre suivante. Elle émane du directeur d'une Société qui avait pris en adjudication dix mille hectares :

« Vous me demandez, monsieur, si les chemins pour lesquels j'ai payé une somme non pas forte, mais énorme, ont été exécutés par le service compétent. Jusqu'ici, je n'en ai pas vu la moindre trace, et je suis obligé, pour mes exploitations, de faire moi-même les chemins de vidange des maigres récoltes que je réalise...

« Quant à vous dire la longueur en kilomètres des chemins et tranchées qui nous avaient été imposés, je vous avoue en toute sincérité que je ne m'en suis pas occupé : j'ai demandé la note à payer et je me suis empressé de passer à la caisse. J'ai, en effet, pour principe de régler au plus tôt et coûte que coûte les affaires mauvaises ; nos baux de quatorze ans se trouvaient, hélas! dans ce cas, avec aggravation : aussi me suis-je montré plus impatient que jamais d'arriver à une solution, quelque onéreuse qu'elle fût.

« Si je vous disais toute ma pensée, je jugerais peut-être avec une sévérité excessive la façon dont on a agi vis-à-vis de nous ; je garde donc mes appréciations ; mais si vous êtes vous-même (la lettre est adressée à un autre concessionnaire), si vous êtes vous-même, et je le crois facilement, bien décidé à ne plus prendre d'adjudications, je vous prie de croire que je suis, moi, *tout à fait résolu à ne plus jamais rien faire avec l'Etat : la leçon que nous avons reçue est forte, sans doute, mais elle ne sera pas perdue.* »

Avec de telles exigences, l'Etat sera réduit à exploiter ses forêts en régie. Quelques-uns s'en consolent et même s'en félicitent. Nous n'avons, nous dit-on, qu'à dépenser 600 ou 800,000 francs par an pour en tirer, d'ici à trois ans, un revenu d'un million, et d'ici à quinze ans, sept ou huit millions de rente. Encore cette estimation provient-elle d'esprits timorés. De plus hardis vont jusqu'à vingt millions de bénéfice annuel pour l'Etat. Mais comment ? L'Etat assume la gestion directe. En ce cas, faisons le compte.

L'Etat possède en Algérie 285,475 hectares de forêts de chênes-lièges, qu'il conviendra d'aménager et de mettre en valeur. De l'avis même de l'administration forestière, il n'en coûtera pas moins de 45 francs par hectare, pour les chemins, tranchées et démasclages. Soit : 12,846,000 francs. Si l'on veut que ces travaux donnent une plus-value aux forêts ou seulement qu'ils en rendent l'exploitation commode et régulière, il sera indispensable de relier les chemins dits « de forêt » entre eux d'abord, puis à des routes mettant en communication les différents massifs. De ce chef on peut prévoir une dépense d'environ six millions. En tout, 18,846,000 francs, dont l'intérêt à 4 0/0 représente 753,840 francs. (C'est à peu près la somme annuelle qu'on nous propose d'y consacrer.)

Mais l'entretien des travaux et la mise en valeur successive des jeunes sujets occasionnera une dépense évaluée à 1 fr. 50 par hectare et par an, soit annuellement : 427,500 francs. Le traitement du personnel attaché à la conservation de ces forêts s'élèvera à environ 150,000 francs. L'ensemble des dépenses annuelles sera de 1,331,340 francs.

Quel sera le rendement? 65 kilogrammes, en moyenne, à l'hectare, donnant 185,558 quintaux. A 42 francs le quintal de liège brut, on obtiendra un produit de. . . . . . . 7.793.436 fr.

Mais il en faut ôter les frais d'exploitation : démasclage, débusquage, transport, bouillage, râclage, triage, vissage, emballage, expéditions et pertes en liège de rebut : 37 francs par quintal, soit. 5.752.298

Produit net. 2.041.138
La dépense annuelle étant de. 1.331.340
Il reste de bénéfice. . . . . 709.798 fr.

Sous la gestion directe et avec les errements actuels, les forêts domaniales de chênes-lièges exigeraient une mise de fonds de 19 millions et ne rapporteraient que 700,000 francs. Ce serait une très mauvaise affaire commerciale. Il n'y a qu'un seul moyen de s'en tirer. C'est d'épargner sur les frais d'aménagement, de les diminuer de moitié, en ne construisant que les chemins strictement nécessaires. Le bénéfice annuel s'élèverait alors à près de 1,300,000 francs, soit, pour un capital de 10 millions, 13 0[0 d'intérêt. Et il n'en faut pas rechercher moins dans une opération aussi aléatoire que le commerce du liège, étant données les chances d'incendie, la certitude que le produit n'augmentera pas de valeur et la crainte perpétuelle qu'il ne soit remplacé par une invention quelconque que l'on poursuit depuis longtemps et que l'on finira bien par trouver.

Mais voici justement le point. Jamais l'administration ne fera d'économies appréciables sur les dépenses d'aménagement. Et pourquoi? Parce qu'elle est l'administration, une machine très compliquée, faite pour marcher d'une certaine manière et non pas d'une autre. Ponts et chaussées, forêts ou bâtiments civils, elle continuera à tracer des voies triomphales, à dessiner des quinconces et des étoiles, à édifier des monuments qui rediront jusque dans le lointain avenir la gloire des ingénieurs et le génie des architectes. Elle ne cessera pas d'élever des palais, comme la préfecture de Constantine, qui a coûté plus d'un million, et de tailler dans le roc, au-dessus des torrents, des corniches artificielles bonnes uniquement à piquer la curiosité des touristes.

Entre les travaux publics, les forêts et la constitution de l'état civil des indigènes, il n'est aucun lien saisissable, et je ne prétends pas en découvrir. De la constitution de l'état civil, je ne parlerai qu'en passant, pour mémoire. C'est proprement de l'argent perdu. Je n'ignore pas quels fruits on s'en promet et quelles conséquences on y rattache. Tenez pour sûr que c'est de l'argent dépensé en pure perte.

La naturalisation des Arabes, utopie. Vous n'y mettez qu'une condition, mais, pour qu'ils pussent l'accepter, il faudrait qu'ils ne fussent plus les Arabes. Il faudrait que, de fait, ils fussent assimilés, et, vous le savez, cette assimilation rapide, ce n'est ni plus ni moins chimérique, ni plus ni moins fou à tenter, que la transmutation des métaux. Et la polygamie, et la succession musulmane, et le statut personnel? Vous voulez en faire des soldats ? Deuxième utopie qui, peut-être, aurait son côté périlleux. Contentez-vous de ceux qui s'enrôlent aux tirailleurs et aux spahis. N'oubliez pas que c'est un peuple soumis d'hier et fort mal résigné. Vous vous flattez d'en faire des citoyens, des électeurs? Il vous plairait de les doter de la vie municipale, de la vie provinciale, de la vie nationale française. Cette fois, c'est de l'utopie double ou triple. Vous le voulez, vous; mais eux, ils ne le veulent pas ; ils ne savent pas ce que c'est. Vous nous dites : les Kabyles, les petites démocraties kabyles! Quelles démocraties? Je ne vois que des tribus, des villages, des aristocraties barbares. Or, croyez-vous que le suffrage universel soit un jouet à distraire des barbares ?

Naturalisation des indigènes, assimilation, suffrage universel, laissez cela. Laissez à Marseille les Immortels principes. N'exportez pas la Déclaration des droits de l'homme. Ne politiquez pas davantage cette pauvre Algérie qui n'est déjà que trop politiquée. Loin de donner le suffrage aux Arabes, il vaudrait mieux... Ne devine-t-on pas ce qui vaudrait mieux? Il serait plus sage de supprimer la représentation coloniale. Mais je me jette aveuglément dans les réformes. Il n'est, en somme, qu'une réforme essentielle : celle, quelle qu'elle soit, qui permettra à l'Algérie de se développer.

Est-ce un budget spécial? Donnons-lui un budget spécial, sans que le fantôme d'une séparation possible nous émeuve et nous épouvante. Si l'Algérie doit, à une date qu'on ne peut maintenant prévoir, se séparer de la France et se constituer en nation, ce n'est pas une fiction de comptabilité qui l'en empêchera. Il en est des peuples adultes comme des individus adultes; la colonisation est pour les uns ce que la reproduction est pour les autres. Seulement, passé un certain âge, c'est aux enfants à gagner le plus gros de leur nécessaire; les parents et les métropoles n'ont plus que le devoir de les aimer et de les aider.

Cet âge est venu pour l'Algérie. Qu'elle essaye de marcher toute seule. Aussi bien le contribuable français est arrivé vis-à-vis d'elle au terme de ses sacrifices. Quatre-vingts millions par an tirés pour nos colons des poches de nos paysans, c'est excessif et abusif. Mais, objectera-t-on, les ressources de l'Algérie ne sont pas suffisantes ; elles ne le deviendront que dans vingt ou trente ans. Ce n'est que dans vingt ou trente ans qu'elle aura les cinq cents millions qu'il lui faut pour compléter son outillage. Pourquoi ne les aurait-elle pas tout de suite ? Pourquoi ne lui ouvririons-nous pas un compte courant ? Pourquoi la France ne se ferait-elle pas son banquier ? Crédit à concurrence de cinq cents millions. L'Algérie serait ainsi envers nous dans la situation ordinaire d'un débiteur. Elle nous emprunterait le demi-milliard dont elle dit avoir besoin et s'imposerait volontairement pour nous payer les intérêts. Elle nous rembourserait au bout de tant d'années ou par annuités.

— Eh quoi ! l'Algérie emprunterait, s'imposerait, rembourserait ! Elle serait donc libre et autonome ? Elle aurait donc une personnalité distincte de la France ? Ses lois et ses destinées ne lui viendraient donc plus toutes faites de Paris ? Où serait le mal ? On peut espérer que, de cette décentralisation, il ne sortirait que du bien.

Décentraliser est le mot d'ordre. Commençons par les colonies. Il est absurde qu'elles soient, îles de l'océan et pays d'outre-mer, comme des choses inertes pendues au bout d'un fil, et qu'un chef de bureau gouverne de son cabinet, rien qu'en pressant un bouton électrique. C'est là quelque chose de factice, d'inorganique, qui n'a pas de racines dans la vie et qui ne saurait produire la vie. Si vous voulez que l'Algérie prospère, coupez le câble. Ou, sans le couper, détendez-le.

CHAPITRE XIII.

COMPARAISONS.

Si, énoncée de cette manière, la vérité n'avait l'allure d'un paradoxe, je dirais volontiers que l'Algérie n'existe pas. Ou, du moins, elle n'existe que par rapport à la France, non point par elle-même. Par elle-même, ce n'est qu'une expression géographique. Il y a bien, sous ce nom, au nord de l'Afrique, un pays qui s'étend de la Tunisie au Maroc, mais il ne s'y est, quant à présent, constitué aucune unité nationale.

Les Européens qui s'y fixent sont de provenances diverses : Allemands, Italiens, Maltais, Mahonais, Espagnols ; en face de ces quatre ou cinq groupes d'étrangers, les Français d'origine sont en minorité. Les indigènes ne sont ni plus unis ni plus compacts que les Européens. Loin de là. Ils ne font pas un peuple, mais deux peuples, Arabes et Berbères, et non pas même deux peuples : près de huit cents tribus. Ils sont à l'état fragmentaire. Les Berbères arrivent encore à se confédérer ; les Arabes n'y réussissent pas, sauf dans le cas d'une grande surexcitation. On n'aperçoit entre eux qu'un seul lien, le plus fort, il est vrai, qui se puisse former, le lien religieux. Vainement on dira que le Kabyle est sceptique, et le Mozabite schismatique. Cette observation peut être d'une exactitude relative : elle devient fausse dès qu'on fait du Kabyle une sorte de libre-penseur et du Mozabite un sectaire intraitable. Vis-à-vis de nous, Arabes orthodoxes, Berbères suspects de tiédeur et Beni-M'zab, « assassins de Notre-Seigneur Ali », cessent d'être autre chose que des musulmans soumis au joug des infidèles. La religion supplée donc, dans une certaine mesure, à l'instinct absent de la nationalité. De même que le Koran est toute la loi, l'islam est toute la patrie. Qu'est-il besoin d'insister davantage ? Et de ces deux traits généraux, absence d'unité nationale, toute-puissance du lien religieux, ne peut-on déduire quelle est la politique à suivre en Algérie ?

La tactique est tout indiquée. C'est le combat, je me trompe, c'est l'administration en ordre dispersé.

Prendre un à un ce qui n'existe qu'un à un ; ne pas heurter de front les indigènes là où ils se présentent en masse, sur le terrain religieux ; faire notre profit de leur désagrégation. Nous bien persuader de n'avoir qu'un système, qui sera précisément de n'avoir pas de système. Ne pas nous servir d'une règle inflexible, d'une règle de fer, bonne pour faire un cadre à nos vieilles sociétés, mais d'une règle de plomb qui se courbera, s'il est nécessaire. Une seule politique possible, une seule recommandable : la politique des tâtonnements.

Jamais matière de gouvernement n'a été plus hétérogène que celle sur laquelle il nous faut travailler ; jamais gouvernement ne devra être plus souple et, pour ainsi dire, plus multiple. Répondre à tout par le mot assimilation, assimiler d'un coup le nomade au sédentaire, le sédentaire au colon et le colon au Français, c'est par trop aisément résoudre ou tourner le problème. Il se pose en ces termes pour quiconque ne se nourrit pas de chimères. La France doit rester en Algérie ; elle veut y rester ; elle est obligée d'y rester. Sur cela, elle ne peut transiger, mais sur cela seulement. Pour les méthodes, elles sont indifférentes. Les indigènes, jusqu'ici, se sont montrés rétifs à notre domination. C'est, on l'a vu, que la méthode était mauvaise. Cherchons-en de meilleures et changeons-en. Ces méthodes meilleures, quelques rapprochements, quelques comparaisons aideront sans doute à les trouver.

Il vient tout d'abord à l'esprit que l'indigène algérien offre plus d'une point de ressemblance avec le Germain décrit par Tacite. Comment, en passant le long des mechtas ou près des tentes vers lesquelles les femmes se traînent, chargées comme des bêtes, tandis que les hommes dorment, paresseusement étendus au soleil, ne pas se rappeler la phrase si connue: « Les plus braves et les plus guerriers vivent désœuvrés, engourdis, laissant aux femmes, aux vieillards, à ce qu'il y a de plus faible, le soin de la maison et des champs. *Ipsi hebent.* Eux, ils s'abrutissent. » Les passions sont à peu près les mêmes, et notamment la passion du jeu : Arabes et Germains aiment le jeu à la folie. Dans la hiérarchie sociale, on relèverait aussi des caractères identiques. Chez les Germains, « il n'existait pas un ordre sacerdotal distinct de l'ordre noble... Il y avait des prêtres, mais ces prêtres ne formaient pas, comme en Gaule, une corporation en dehors de la famille et de l'État ». Excepté les clercs du M'zab, je crois qu'en Algérie il n'existe pas non plus un ordre sacerdotal; il y a des prêtres musulmans, mais point de clergé musulman.

Les habitudes de vie sont analogues. Nomades ou semi-nomades, comme les Frisons il y a vingt siècles, les Arabes ont encore des terrains de parcours. L'idée qu'on se fait de la richesse est semblable : la vraie richesse, la seule monnaie, l'instrument unique d'évaluation et d'échange, c'est le bétail. La terre morte, la terre vague, ne vaut rien. Elle ne vaut que par le bétail, par le cheptel vivant. Cheptel est pris ici dans son sens propre de capital. Sur la terre même, toutes les formes, tous les degrés de la propriété et de la jouissance collectives : propriété de tribus et de douars, propriété et culture de familles associées dans l'indivision, culture privée de propriétés collectives, d'après un certain ordre et un certain roulement, les uns cultivant ce champ une certaine année, les autres, cet autre champ, une autre année, comme chez les Germains : *arva per annos mutantur*. Dire ici terre appropriée, ce n'est pas dire absolument propriété individuelle. J'ai expliqué que la terre, suivant le droit musulman, s'appropriait par la vivification et qu'il y avait trois modes principaux de vivification : le défrichement, l'irrigation, la construction d'un *gourbi*. Chez les Germains, l'appropriation se faisait également de trois manières : la construction d'une maison, le labourage, l'ensemencement. On pourrait ajouter que la terre, qui s'acquiert par la vivification, se perd le plus souvent comme s'est perdue la terre d'Irlande, par l'hypothèque.

Du reste, là où s'est développée la propriété privée, individuelle, subsiste quand même, en quelque mesure, la propriété collective. C'est ainsi que l'on a, en Kabylie, le communal de village, le *mechmel*, qu'on ne saurait mieux comparer qu'à la *mark* germanique. Cette remarque m'amène à dire qu'au bout du compte, entre les Arabes et les Berbères, la différence fondamentale est peut-être celle-ci : les Arabes en sont demeurés au troisième ou au quatrième siècle avant l'ère chrétienne; les Kabyles en sont au cinquième ou au sixième siècle de notre ère, à la tribu franque des temps mérovingiens. La preuve est facile à fournir ; nous avons le texte d'une vingtaine de *kanouns* ou de lois de villages berbères du Djurjura, de l'Aurès et du M'zab. Qu'on les mette en regard des codes barbares ou du formulaire de Marculf, on verra que la juridiction, la procédure, la pénalité sont les mêmes. Voilà le serment coutumier, le *témoignage* de cinq, dix, quinze parents ou amis, les *cojuratores*, les *cojureurs*. Voilà le prix du sang et voilà la trêve de Dieu.

Qu'on se rassure. Je ne vais ni pousser plus loin le parallèle ni conclure de ces prémisses l'origine germanique des Berbères africains. Qu'ils viennent d'où ils veulent et d'où ils peuvent, peu nous importe. Ce qu'il est intéressant pour nous de constater, d'un intérêt politique et pratique, ce n'est ni l'identité, ni l'affinité de race, mais simplement l'identité ou la similitude d'état. Il n'y a, d'ailleurs, rien dans ces notes qui rattache Arabes ou Berbères à tel ou tel rameau ethnique particulièrement désigné. Leurs mœurs sont à peu près celles des anciens Germains; chez les Berbères, les peines et le droit sont à peu près les peines et le droit des peuplades franques; la terre s'acquiert et se transmet à peu près comme chez les Celtes d'Irlande. L'essentiel, tout ce qu'il en faut retenir ou déduire, c'est que, dans leur ensemble, les indigènes d'Algérie en sont à peu près au degré de demi-civilisation où en étaient les petites sociétés barbares, à l'entrée du haut moyen âge.

Quelle était la caractéristique de ces petites sociétés? Quelle est, par suite, la caractéristique de la société, des petites sociétés indigènes, en Algérie? C'est que l'unité sociale, la cellule sociale, n'est pas l'individu, mais la tribu ou la subdivision de la tribu, le village ou le douar. L'homme n'y a presque pas de personnalité : il passe, quelconque et anonyme, dans la durée, dans la vie de la famille. C'est là un fait noté partout, mis en relief par tous ceux qui se sont occupés des institutions primitives, et c'est un fait de premier ordre, si l'on sait bien l'interpréter. « La société des temps primitifs n'était pas une *collection d'individus*, comme celle de notre temps. En réalité et au point de vue de ses membres, c'était une *agrégation de familles*. Si la communauté pèche, son péché est beaucoup plus grand que la somme de ceux qui ont été commis par ses membres; le crime est un acte collectif, et ses conséquences s'étendent à un bien plus grand nombre de personnes que celles qui y ont pris part. D'ailleurs, si l'individu a commis un crime qui attire l'attention, ce sont ses enfants, ses parents, les hommes de sa tribu ou ses concitoyens qui seront punis avec lui et quelquefois pour lui. » De ce fait on pourra tirer des indications positives sur ce qu'il y aurait à faire ou à ne pas faire pour l'organisation de la propriété privée, de l'état civil des indigènes, de la responsabilité pénale, sur le régime légal et administratif qui conviendrait à l'Agérie.

Nous arrêterons là nos rapprochements historiques ; mais il est une comparaison qu'il n'est pas possible d'esquiver : c'est la comparaison avec les colonies anglaises. « Voyez les Anglais ! » nous dit-on. Assurément, nous devons les voir. Ne prenons pas pourtant d'exemples au hasard et ne nous contentons pas de renseignements statistiques ou trop secs ou trop peu probants. Je ne sache pas que l'on ait souvent comparé l'Algérie avec l'Inde anglaise, et néanmoins le rapprochement ressort de plusieurs circonstances dont une seule suffirait : on compte, dans la population de l'Inde, quarante millions de musulmans. En Algérie comme dans l'Inde, le problème de la colonisation ne saurait être séparé d'un problème de gouvernement. Ce que les Anglais ont fait dans l'Inde doit être sensiblement pareil, toutes proportions gardées et tous amendements admis, à ce que nous aurons à faire en Algérie. Tâchons de nous en inspirer et, pour cela, tâchons de ne le pas comprendre de travers. Justement nous avons cette rare fortune d'avoir pour guide un remarquable travail publié par sir Henry Maine, à l'occasion du cinquantenaire de la reine Victoria. Les paragraphes suivants me paraissent mériter une sérieuse attention.

Parmi les facteurs susceptibles d'opérer (à très longue échéance) ou de préparer l'assimilation, sir Henry Maine énumère, pour l'Inde, la loi, la justice, la morale chrétienne, l'instruction publique, les voies de communication. Il énumère, parmi les résistances à vaincre, l'idée fausse que les Hindous se font de l'Angleterre, qu'ils s'imaginent être beaucoup moins grande, beaucoup plus faible, la force des préjugés et des superstitions et cette espèce de force d'inertie qu'on pourrait appeler, en Orient, la paresse acquise.

1° *La justice, la loi.* La nécessité d'une loi suffisamment uniforme et intelligible, d'un système de procédure judiciaire suffisamment simple est évidente par elle-même. « Dès le début, la cour de justice a été l'agent le plus efficace, le plus bienfaisant qu'ait introduit dans l'Inde la domination anglaise... Mais jusqu'à une date relativement assez récente, son influence pour le bien se trouvait fort diminuée par la nature du droit qu'elle avait charge d'administrer et par le genre de procédure qu'elle était contrainte de suivre. » Ce droit était, dans la plupart des cas, le droit anglais, soit sous sa forme originelle, soit sous une forme dérivée. « On peut, écrit sir Henry Maine, tenir en estime très respectueuse bien des chapitres du droit anglais, sans cesser d'affirmer énergiquement que son introduction dans l'Inde aura fait un mal énorme... Le système que la législation indienne a remplacé progressivement était, en somme, de nature à faire tomber peu à peu toute l'influence vraiment active aux mains d'une très petite minorité de gens de loi élevés en Angleterre et dont la science ne devait guère sembler, aux millions d'êtres qu'elle affectait, moins mystérieuse et moins inexplicable que le verbe inspiré de Mahomet ou de Manou. »

Changez les noms ; ne dirait-on pas qu'il s'agit du droit français, de la France et de l'Algérie ? Comment veut-on que les indigènes algériens sachent quoi que ce soit de la législation savante et exigeante qui les régit? C'est pour eux qu'elle est mystérieuse comme la parole du prophète. On objectera qu'ils ne comprennent pas le Koran; mais le Koran est le livre envoyé par Dieu, notre Code est le livre apporté par l'huissier. La loi française ne leur vient pas d'en haut, elle leur vient du dehors. L'ignorant complètement, ils la violent; la subissant durement, ils la détestent. Qu'est-ce que cette loi suspendue comme un glaive, qui n'est que pour frapper, à la portée du justiciable? Dans ces conditions, la justice ne peut être un agent d'assimilation ; elle est une cause de révolte. Les Anglais s'en sont aperçus, et ils ont eu le courage d'y remédier. Le droit qu'administre à présent la cour de justice, dans l'Inde, n'est ni le droit anglais, ni un bâtard de ce droit, l'un et l'autre éloignés des mœurs et des besoins de l'Inde. Ce n'est pas le droit hindou, mal digéré et encore mal connu. C'est un droit mixte, le droit indien. L'Inde anglaise a ses codes à elle. Pourquoi l'Algérie n'a-t-elle pas les siens?

Ces codes algériens, nous pourrions les élaborer sans péril. Nous sommes bien plus au courant du droit musulman que les Anglais ne l'étaient du droit hindou. Nous avons des textes plus clairs et des sources plus sûres. Une fois le droit algérien constitué — et il devrait se constituer en tenant compte des coutumes locales autant au moins que du droit écrit, — l'administration de la justice par nos tribunaux deviendrait, comme elle l'est dans l'Inde, « le plus puissant des agents unificateurs ». En attendant, la justice musulmane conserverait sa place et son rôle. Comme on formerait un droit mixte, on formerait une magistrature mixte, où les cadis viendraient siéger à côté des juges français. Il se ferait ainsi une éducation mutuelle dont profiterait grandement la justice algérienne.

2° *La morale chrétienne.* On a observé que, dans l'Inde, bien que les habitants soient demeurés réfractaires à la prédication des dogmes mêmes du christianisme, la morale chrétienne n'a pas cependant laissé de pénétrer assez profondément leur morale courante. En Algérie, les indigènes sont réfractaires à la morale comme au dogme. Il y a longtemps que le cardinal Lavigerie a prescrit à ses missions de Kabylie de s'abstenir de toute controverse et de toute propagande. Il est douteux que, dans le milieu oriental, la vertu reste contagieuse.

Morale chrétienne ou morale banale seulement imbibée de christianisme inconscient, c'est un auxiliaire qui ne nous rendra pas, en Algérie, ou ne nous rendra guère de services.

3° *L'instruction publique.* A condition de n'en pas attendre tout, il est permis d'attendre quelque chose de l'instruction des indigènes. Mais cette instruction, pour qu'elle nous profite, vers quel but doit-elle tendre et dans quel sens faut-il la diriger ? Enseigner, c'est très bien, mais qu'enseignera-t-on ? Et en quelle langue ? Emploiera-t-on le français ou l'arabe ? Inculquera-t-on aux indigènes des idées arabes en français, des idées françaises en arabe, ou enfin des idées françaises en français ? Toute langue est un véhicule d'idées. Si peu que nous mettions de notre littérature sur nos programmes, prenons-y garde, notre littérature n'est pas neutre. Elle charrie, elle porte avec elle un fonds de pensée qu'il serait généreux, mais imprudent au conquérant d'inoculer tout de suite au conquis. Est-ce bien à nous de mêler à cette pâte un levain d'indépendance et un ferment d'égalité ? Ce n'est pas du sentiment que nous devons faire, mais de la politique. N'y a-t-il pas à craindre qu'en se combinant avec le fanatisme religieux ce levain, ce ferment, au lieu de le stériliser, n'en provoquent la brusque explosion ? On doit m'entendre à demi-mot. Envisagée de ce point de vue, la question a sa gravité.

On dit : l'enseignement ! L'enseignement primaire, secondaire et supérieur ! D'accord ; mais il faudrait qu'il fût un bienfait pour les indigènes sans être une menace pour la France. Il faudrait que, lui aussi, il fût algérien. S'il n'était pas parfaitement approprié à ce pays et à cette race, de deux choses l'une : ou il produirait son effet, et cet effet pourrait être contraire à celui que nous en espérons, ou il demeurerait inutile. Les mêmes difficultés se présentaient dans l'Inde. Encouragerait-on, comme dit sir Henry Maine, « le conservatisme oriental ou le progressisme occidental » ? L'Occident l'avait emporté, grâce à la voix autorisée de Macaulay ; on se flattait de transformer rapidement les Hindous en Anglais, d'en faire de loyaux sujets de la reine et des *gentlemen* accomplis ; mais on a dû y renoncer et réagir. Une université s'est fondée dans le Pendjab, qui se propose de stimuler l'esprit de conservation plutôt que l'esprit de progrès et de contrecarrer « l'enseignement démocratique et nive'eur des universités de Calcutta, de Madras et de Bombay. »

L'expérience a démontré que les idées de l'Occident ne sont pas faites pour l'Orient actuel et que le peu qu'il en retient s'y retourne contre nous. Ne renouvelons pas à nos dépens cette expérience en Algérie. Peut-être les antipodes se rapprocheront-ils, mais ce ne sera qu'avec infiniment de temps, infiniment de lenteur. Mieux vaut dire qu'il y faudra l'aplatissement du monde, une seconde création.

4° *Les voies de communication.* En revanche, quoique l'Arabe partage plus ou moins la répulsion de l'Hindou pour la traversée de la mer, il se sert bien plus que lui des chemins de fer et des routes. C'est ce côté matériel de la civilisation occidentale qui le frappe assez vivement, et c'est par là qu'on pourra le prendre. Aussi, la base de l'éducation à ses divers degrés (si nous voulons entreprendre sérieusement l'éducation des indigènes) devra-t-elle être les sciences et non les lettres, les sciences à leurs divers degrés et dans celles de leurs applications qui ont l'apparence du miracle.

5° *Les résistances.* L'Arabe n'a absolument que

deux sens, et encore ils se confondent en un seul : le sens du merveilleux et le sens du religieux. Il n'a qu'une conception traditionnelle et fataliste de la vie : vivre, pour lui, c'est se laisser vivre, tant qu'Allah laisse vivre. Ici sont nées les religions ; ici, elles se perpétuent ; ici, vous ne les tuerez pas. Ici est née la coutume ; ici, vous ne la déracinerez point. Ne faites pas la folie de leur déclarer la guerre. Il nous est impossible, à nous Européens, de calculer l'incidence des coups que nous porterions. Dans l'Inde, les Anglais ont eu à réprimer de terribles insurrections pour des motifs qui nous semblent futiles et même ridicules : parce qu'ils avaient voulu restreindre le droit d'adopter des héritiers mâles, parce qu'on avait dit que des cartouches distribuées aux cipayes étaient enduites de la graisse impure du bœuf, parce qu'on avait changé la forme de la coiffure des soldats hindous.

Notre situation vis-à-vis des Arabes n'est pas moins obscure ni moins délicate. Nous accusons les sectes, mais ne nous y trompons pas : l'islam tout entier n'est qu'une secte. Le Koran se récite à toute heure, en tout lieu, d'un bout à l'autre, du commencement à la fin, et de la fin au commencement : on y trouve ce qu'on veut : derrière chaque verset, il y a un fusil. J'y reviens, car toujours il faut y revenir. L'unique lien, mais le lien formidable des petites sociétés indigènes, le voilà. J'ai assisté à la prière du soir, dans une mosquée, pendant le Rhamadan. Des centaines de fidèles s'agenouillaient, se relevaient, se prosternaient mécaniquement, du même rythme. Le char de Jaggernaut leur eût passé sur le dos sans qu'ils bougeassent. Voilà l'obstacle, la tour inexpugnable. Ne lui donnons pas l'assaut ; restons au pied, établissons-nous solidement en face.

Ne nous enorgueillissons pas du prestige du nom français. « Les Hindous, dit sir Henry Maine, s'imaginaient que la nation anglaise, même chez elle, ne se composait que de quelques poignées d'individus, et ils se persuadaient qu'en versant des flots de sang ils aideraient à son extinction. » C'est une idée commune aux races primitives ; elles ne voient pas au delà de la tribu. Ainsi, l'Arabe ou le Kabyle ne voit rien, ne sait rien de la grandeur de la France. Il ne sait d'elle que ce qu'il en peut toucher, les deux cent mille Français qui sont en Algérie.

6° *L'impôt.* N'oublions pas, non plus, que ce peuple est pauvre. Ne le surchargeons pas d'impôts. Surtout ne lui faisons payer que ce qu'il doit. Ce n'est pas le régime qui le blesse. L'impôt foncier, l'*achour*, ressemble fort au système jadis en vigueur dans les Indes et dit « de l'empereur Akhbar ». Le taux serait plus modéré. L'*achour* est bien le type de l'impôt musulman. Ne le remplaçons pas du jour au lendemain par un impôt français. Dans l'Inde, les Anglais n'ont pas commis cette faute. Ils ont gardé le régime foncier que leur léguait la Compagnie des Indes, qui l'avait elle-même emprunté de ses prédécesseurs musulmans. Ils reconnaissent ne s'être pas assez attachés à ce que les revenus de l'impôt indigène soient autant que possible employés, consommés sur place. Il en est résulté de la déperdition, de la dilapidation. L'argent coule en changeant de lieu. On s'est disputé la plus forte somme. Ceux qui ont payé le plus d'impôts n'ont pas reçu le plus de services. D'où une lassitude, une mauvaise volonté des contribuables.

Que la leçon ne soit pas perdue pour nous. Que l'indigène puisse suivre son douro, sa pièce de cent sous, depuis l'instant où il la tire du capuchon de son burnous jusqu'à celui où elle s'incorpore dans un travail public dont il profitera. L'impôt lui pèsera moins, s'il en mange sa part. On pourra même lui demander des corvées, pourvu qu'on ne l'envoie pas les faire trop loin, c'est-à-dire pourvu qu'il les fasse pour lui-même et non pas pour d'autres.

7° *Le gouvernement*. C'est le point capital. Je ne me rappelle plus qui disait avec humour : « Les gouvernants anglais de l'Inde sont comme des gens tenus de faire marquer à leur montre l'heure exacte pour deux longitudes à la fois. » Ils s'en sont acquittés sagement. Ils ont acheté deux montres, pris les deux heures et fait ensuite la différence. Ils ne se sont pas fait, dans le Parlement anglais, apporter l'heure de Calcutta par des députés indiens. Ils n'ont pas fait télégraphier dans l'Inde, par un sous-secrétaire d'Etat, l'heure du palais de Westminster. A problème double, double solution. Ils n'ont pas hésité : double gouvernement. Gouvernement à Londres, gouvernement dans l'Inde. Conseil métropolitain de l'Inde, conseil supérieur de l'Inde. Faire concourir à une tâche si ardue toutes les sommités de la métropole et de la colonie ; mais le contrôle seulement à Londres, toute l'action dans l'Inde. « L'Inde a toujours été gouvernée surtout dans l'Inde même. »

Je n'ai plus maintenant de scrupules à conclure. Des faits que nous avons établis, des rapprochements par lesquels ils se sont éclairés, nos conclusions se dégagent très fermes et très nettes.

CONCLUSION.

Les considérations d'ordre historique et d'ordre politique que nous venons de développer nous ont conduit à reconnaître que, les indigènes de l'Algérie étant des Barbares et des Orientaux, il fallait les traiter comme des Barbares et des Orientaux. Les comparaisons que nous avons faites ont montré qu'en d'autres siècles ou en d'autres pays, d'autres nations se sont trouvées en présence des mêmes problèmes et que la solution n'en est pas impossible.

Les indigènes de l'Algérie sont séparés de nous par une longue distance. Ils ont, pour nous rejoindre ou seulement pour pouvoir nous suivre, à accomplir une évolution dans le temps et une deuxième évolution dans l'espace, à passer de l'Orient à l'Occident et des institutions primitives aux institutions modernes. Nous avons mis douze ou treize cents ans à faire le chemin qu'ils ont à faire. Nous ne pouvons ni les porter ni les pousser ; nous pouvons, tout au plus, les soutenir et les guider.

J'ai peur de verser dans des redites ; mais il faut par-dessus tout que ceci soit mis en pleine lumière. La société musulmane n'est pas une société parfaite. Elle semble arrêtée et, comme on dit, nouée au début de sa croissance. Ou bien, c'est une société dont la croissance ne fait que commencer. Elle n'est pas civile, ni même civile et religieuse ; elle n'est que religieuse. On sait qu'à la naissance des sociétés, c'est le chaos ; toutes les forces, toutes les énergies, tous les ressorts, tous les organes sont confondus. Ils se séparent peu à peu, se distinguent l'un de l'autre, et cette séparation, cette dissociation, est la mesure de leur progrès. Dans la société musulmane, la dissociation ne s'est qu'ébauchée. Cette société est demeurée religieuse ; elle n'a qu'une loi, la loi religieuse, et qu'un moteur, la religion : pour tout le reste elle est immobile, aussi avant qu'on remonte vers ses origines.

A la juger impitoyablement, en lui coupant tout avenir, en ne lui accordant pas demain, on aurait presque le droit de dire, au moins pour les indigènes algériens, que la race arabe a avorté. De là, quelques esprits radicaux tirent prétexte à préconiser des décisions, des exécutions violentes. La politique du refoulement n'a pas d'autre base théorique. « Les indigènes ne sont et ne seront jamais bons à rien. Rejetons-les dans le désert. » — Eh quoi ! dans la vie animale, aussi, n'y a-t-il pas des avortons, des incapables ? Les immole-t-on ? Autrefois, oui. A présent, qui l'oserait ? On laisse à la nature le soin d'opérer la sélection.

De même pour les sociétés. En face d'une culture inférieure vous introduisez, vous maintenez une culture supérieure. Ne craignons pas de le répéter : Ou la plus en retard des deux civilisations s'élèvera, ou elle sera éliminée. Nous n'avons à intervenir ni pour hâter cette fin, ni pour l'empêcher. Elle tombe sur les êtres et les peuples manqués, de tout au fond de l'infini, de tout le poids de l'éternel et de l'universel. Laissez faire : laissez le temps agir et la nature choisir. Si cette race peut être sauvée, aidez-la ; si elle ne peut l'être, laissez faire. Mais jusqu'à ce que le temps ait agi et la nature choisi, vous devez aux indigènes d'Algérie comme à des hommes la justice, comme à des faibles la protection, comme à des ignorants la charité. Ne gouvernez pas exclusivement pour eux, ne gouvernez pas délibérément contre eux. Aussi bien, n'échapperaient-ils pas à vos lois, bonnes ou mauvaises? Nos codes, notre administration, rien de notre régime n'est à leur taille. Ce sont de grands enfants, mais des enfants : ne les habillez pas de la redingote paternelle.

On ne doit pas exclusivement gouverner pour les indigènes, parce qu'il n'y a pas en Algérie que les indigènes. Le problème de l'assimilation se double et se complique encore du problème de la colonisation. Non, l'Algérie n'est pas un royaume arabe, ou plutôt elle n'est pas cela seulement. Elle est, elle doit être un royaume arabe et une colonie française. Si l'on voulait embrasser d'un seul coup le cercle immense de la question algérienne, on échouerait ou l'on se tromperait. Le procédé le plus prudent, le plus sûr et le plus prompt est de la décomposer en chacun de ses éléments ; d'elle, comme de toute autre, on pourrait dire qu'il n'y a point de question algérienne, mais des questions algériennes.

En premier lieu, la terre, la propriété. Le sénatus-consulte de 1863 a confirmé, si elle existait, constitué, si elle n'existait pas, la propriété collective de tribu, la propriété *arch*. La loi de 1873 a prescrit de constater là où elle existait, de constituer là où elle n'existait pas, la propriété *melk*, la propriété privée. Dans bien des cas, les choses sont telles que même la propriété privée reste indivise entre les ayants droit, et les complications de la succession musulmane sont telles que le travail de constatation ou de constitution, ou bien est un jeu de patience à dérouter les plus experts, ou bien se trouve annulé au bout de quelques années par le décès de l'un des propriétaires. Pourquoi ne pas s'arrêter à un certain point, ne pas accepter un moyen terme entre la propriété collective de tribu et la propriété individuelle, moyen terme qui serait la propriété de famille ? Nous entendons par famille, la famille étroite, résidant sur le sol, associée dans l'indivision. Dans la pratique, nous sommes souvent obligés de le faire, de constater que tel champ appartient à un tel, et à ses frères et à ses oncles ; pourquoi n'en pas faire la règle ? Les frais de nos opérations en seraient considérablement réduits ; elles-mêmes en seraient considérablement simpli-

6***

fiées et fortifiées ; nous serions bien plus près de la loi et des mœurs musulmanes. Ce ne serait pas la propriété individuelle, mais ce n'en serait pas moins la propriété *privée*. Elle se vendrait et se transmettrait dans les formes ordinaires. L'indispensable, à notre avis, est qu'elle soit suffisamment établie pour être facilement mobilisable, pour fournir réellement et presque à elle seule, par voie de vente et d'achat, le fonds de colonisation.

La colonisation devrait se faire abolument en dehors de toute ingérence de l'Etat, l'Etat n'apparaissant ni pour donner la terre, ni pour donner l'abri, ni pour donner les instruments de labour. Il n'apparaîtrait que rarement pour créer des villages de colons, des centres, car ces sortes de créations ont toujours quelque chose d'artificiel. Tout, ou à peu près tout, sauf les travaux publics d'un intérêt très général, se ferait par l'initiative privée. Initiative privée affranchie de toute entrave, émancipée de toute tutelle dans les limites du droit commun, développée et multipliée autant qu'elle est susceptible de se développer et de se multiplier. La concurrence libre jusqu'au *struggle for life*. Grandes compagnies, riches capitalistes, petits producteurs de travail et d'épargne. Plus de concessions gratuites. Qui veut une terre, l'achète. Qui le peut, s'enrichisse. Qui se ruine, fasse place à d'autres. Très loin et très haut, l'Etat juste et bienveillant, mais indifférent envers les personnes, remplissant ses fonctions le mieux possible, au meilleur marché possible, les remplissant toutes, ne remplissant qu'elles, muet, sourd, aveugle, tous ses sens appliqués au maintien de la loi.

L'Etat veillerait, par exemple, à ce que les grandes compagnies de colonisation et les sociétés de crédit fussent fidèles dans l'observation de leurs statuts. L'Algérie a besoin d'un large et abondant crédit. Ce n'est pas qu'il ait manqué jusqu'à présent, mais il a été mal réglé, mal distribué, gaspillé. Les caisses ont fui par divers côtés. Quelques maisons se sont aventurées en des spéculations foncières qui n'étaient pas de leur rôle. L'Etat aura à les y ramener et à les contraindre de s'y renfermer. Il aura à poursuivre et à réprimer l'usure indigène, juive et européenne, sous tous les déguisements qui la cachent. Après avoir ainsi, par une surveillance active, protégé, assuré, dans la mesure de ses attributions, l'un des facteurs de la production, le crédit, l'Etat, par une impartiale justice, assurera l'autre, la main-d'œuvre.

Durant des siècles et des siècles encore, il n'est pas probable que l'on puisse se passer en Algérie de la main-d'œuvre indigène. Il faut que les deux races, conquérants et conquis, apprennent à vivre l'une à côté de l'autre, et, les faits même les y forcent, l'une par l'autre. C'est à l'Etat de prévenir ou d'amortir les chocs. C'est à lui de procurer non pas une fusion, une assimilation qui est peut-être chimérique, qui est certainement lointaine, mais une transaction immédiate, le *modus vivendi* nécessaire, un état de paix, d'équité et de tolérance réciproques. Avec le temps, il doit y arriver par de bonnes lois, de bons juges, une bonne administration.

De bonnes lois, de bons juges, ce n'est pas à dire des lois faibles et des juges débonnaires, mais des lois claires, courtes, intelligibles au dernier des indigènes, si concrètes que la moindre abstraction en soit bannie ; des juges qui sachent la langue et connaissent l'âme de leurs justiciables, qui soient continuellement près d'eux et comme sur eux, qu puissent atteindre et punir vite. En attendant qu'une mutuelle pénétration se soit faite assez pour que nous puissions avoir des codes algériens et une magistrature algérienne, ayez, puisqu'il le faut, deux justices en Algérie. Pour les Européens, nos lois (mais l'obligation s'imposera de les accommoder au pays, bien autrement que par des retouches insignifiantes); pour eux, nos délibérations et nos décisions solennelles. Pour les indigènes, la justice primitive, la justice sous un chêne, à la manière de saint Louis. Entourez-vous, partout où vous y gagnerez mières ou de l'autorité, de conseillers, d'assesseurs musulmans. Ou des juges arabes ou des juges sachant l'arabe. Jusqu'à ce que vous ayez recruté un personnel suffisant, restituez aux cadis une partie de leurs anciens pouvoirs. Servez-vous-en, tout en les surveillant. Tendez à supprimer dans le plus bref délai possible les interprètes judiciaires qui, n'eussent-ils pas d'autres défauts, ont incontestablement le tort d'être un rouage de trop dans l'administration de la justice. Faites pour la justice ce que fait le grand commerce : supprimez les intermédiaires. Qu'elle ne soit ni tardive ni chère. Dites-vous que l'idéal n'est pas de donner aux indigènes une justice admirable selon nos idées à nous, mais une justice compatible avec leurs croyances à eux.

Partant de ce principe que l'unité sociale, chez les peuples primitifs, n'est nullement l'individu, mais le groupe, la famille, le douar, la tribu, nous avons demandé que nos agents, dans la confection des registres terriers, prennent pour unité la propriété de famille. Partant, pour la justice, de ce même principe, nous demandons qu'on ne renonce pas, sous l'influence de façons de penser occidentales, à la responsabilité collective. Qu'on la maintienne dans la loi, en n'en faisant qu'un usage très modéré, en y apportant tous les tempéraments qui ne passeraient pas pour de la faiblesse. Qu'on maintienne également le Code de l'indigénat ; mais ces armes d'une pointe acérée, cette puissance quasi discrétionnaire, qu'on fasse bien attention en quelles mains on les remet. Bureaux arabes ou administrateurs civils, le vice réside en ce qu'il n'y a pas de contrôle effectif. Il faut à tout prix l'établir et il n'y a qu'un seul moyen de l'établir. Instituez des grands jours ou, mieux encore, des chevauchées. Je parlais tout à l'heure de la justice de saint Louis, nous voici revenus à Charlemagne ; empruntons-lui sans fausse honte les *missi dominici*.

En matière d'impôts, deux classes : l'impôt européen, l'impôt arabe. L'impôt européen est un mythe : qu'il devienne une réalité. Quant à l'impôt arabe, tel qu'il fonctionne, il est bien de type musulman : conservons-le ; ne le changeons pas contre les nôtres, sous prétexte que le mécanisme des nôtres est au courant des dernières inventions et que l'impôt arabe est du temps où l'on comptait par encoches sur des morceaux de bois. Bornons-nous à en surveiller sévèrement la perception et l'emploi. Autant que possible, dans l'intérêt du trésor, et pour l'édification des contribuables, que le produit en soit consommé sur place, affecté à des services locaux ou régionaux.

Introduisons ou ramenons l'économie dans toutes les branches des travaux publics, bâtiments, routes et ports ; refrénons, s'il se peut, la magnificence des ingénieurs. Efforçons-nous de mettre en valeur tout ce qui, en Algérie, peut produire de la valeur, mines, carrières, forêts, défrichons, irriguons, reboisons ; mais, au préalable, méfions-nous des mécomptes et des déboires. Gardons-nous, ayant échappé aux erreurs de la colonisation officielle, d'y retomber à

la légère. Ne voyons pas la fiancée trop belle. Elle
pourra beaucoup nous rendre, mais c'est d'abord à
nous de beaucoup lui prêter.

Nous disons lui prêter et non plus lui donner.
L'Algérie a besoin d'un demi-milliard pour compléter son outillage. Avançons-lui ce demi-milliard
aux conditions ordinaires. Elle nous payera les intérêts et nous remboursera en vingt-cinq ou trente
ans. Aidons-la pour elle et pour nous, à sa satisfaction et à la nôtre. Ne prenons pas le change et
souvenons-nous que, si nous faisons des colonies,
c'est pour les exploiter (au sens honnête du mot)
et non pour qu'elles nous exploitent.

Mais les bureaux et la bureaucratie sont en émoi.
L'Algérie aurait son budget spécial ! — Et quand
elle l'aurait ? — Vous dites un budget préparé à
Alger ! — Et quand il y serait voté ? Ne serait-il
pas préférable que l'Algérie fît elle-même, votât
elle-même, alimentât elle-même son budget, que de
nous le faire toujours, comme depuis soixante ans,
dresser, voter, alimenter ?

Je vais arriver aux réformes à introduire dans
le gouvernement, mais je voudrais auparavant me
débarrasser des questions qui restent. La principale

est l'instruction publique. Personne ne peut se déclarer opposé à l'instruction ; mais il est permis de faire observer qu'il y a instruction et instruction. Je veux l'instruction des indigènes d'Algérie, mais pour eux et pour nous, non pas seulement pour eux ou contre nous. Il me semble que les programmes ne doivent être arrêtés qu'après mûre réflexion, qu'ils doivent être rédigés par des hommes politiques autant que par des maîtres de l'enseignement, car la question est moins scolaire que politique.

Nous écarterons d'un seul coup la constitution de l'état civil et la naturalisation des indigènes. L'une est une utopie, et l'autre une bataille contre les moulins. Pour la naturalisation des étrangers fixés en Algérie, on ne sait s'il faut la souhaiter ou désirer de la voir restreindre. Ce qui est certain, c'est que, du mélange de toutes ces variétés du sang européen, la plupart méridionales, naît une nouvelle race, déjà reconnaissable (il existe déjà un type algérien), qui est aux Français de France ce que le Yankee est à l'Anglais. Nous ne pouvons la modifier et la frapper à notre image qu'en y faisant prédominer notre génie et notre langue par une immigration française de plus en plus nombreuse, choisie et persistante, qu'en y faisant passer un courant continu de sang français. Tout ce qui peut encourager cette immigration française en Algérie est excellent, pour toutes les raisons économiques et politiques, en soi-même et dans toutes les conséquences. Mais venir ne suffit pas, il faut rester ; et, pour rester, il ne faut pas venir sans sou ni maille.

Sur le gouvernement, je serai bref, mais catégorique. Un gouvernement à Alger, un gouvernement à Paris, mais la ratification seulement à Paris, toute l'action à Alger. « L'Inde a toujours été gouvernée surtout dans l'Inde même. » Que l'Algérie soit dorénavant, elle aussi, gouvernée surtout en Algérie même.

On ne réclame pas pour le gouverneur général une royauté, mais une vice-royauté. Que le gouvernement de l'Algérie ne soit pas séparé du gouvernement de la France, et pourtant qu'il en soit distinct ; qu'il ne soit pas indépendant, mais autonome. Choisissez bien le gouverneur ; mais, lorsque vous l'aurez, ne le rattachez pas à dix personnes, ne le rattachez pas à dix ministères. Il passerait son temps à faire des courses de l'un à l'autre. Qu'il ne corresponde à Paris qu'avec un seul pouvoir central ou plutôt avec un seul contrôle central, sans lui être rigoureusement subordonné.

Jadis, la Compagnie des Indes orientales gouvernait l'Inde, sous la réserve des droits de la couronne. Ses actes étaient contrôlés par un bureau des commissaires qui formait un département dans le gouvernement de la métropole. « Mais l'initiative n'en appartenait pas moins à la cour des directeurs. Cette cour était donc une autorité très puissante, et le bureau de contrôle une autorité très faible, sauf en un point. Pour tout ce qui touchait à la guerre et à la diplomatie dans l'Inde, le bureau de contrôle gardait l'initiative, et son pouvoir était, de ce chef, aussi réel qu'étendu. »

Des statuts réformèrent, en 1858, le gouvernement métropolitain de l'Inde et, en 1861, son gouvernement local. Le président du bureau de contrôle, qui avait absorbé à la longue tous les pouvoirs de ce bureau, devint un secrétaire d'Etat responsable de toutes les affaires de l'Inde, mais rien que de ces affaires. La cour des directeurs fut remplacée par un conseil de l'Inde, conseil métropolitain, composé de quinze membres, étrangers au Parlement, dont neuf au moins doivent avoir résidé ou servi dans l'Inde pendant dix ans et ne l'avoir pas quittée depuis dix ans. Le gouverneur et son conseil restèrent comme ils étaient. Mais on créa une législature active en adjoignant au conseil exécutif du gouverneur général des fonctionnaires expérimentés, avec un petit nombre d'Européens et d'indigènes de marque, sans attaches gouvernementales. Le conseil exécutif du vice-roi compte ordinairement cinq ou six membres. Les membres, adjoints pour former la législature, sont au nombre de douze, dont six ne doivent pas être des fonctionnaires.

N'est-ce pas là un modèle pour l'organisation de l'Algérie ?

A Paris, un bureau de contrôle ou un secrétaire d'Etat, un ministre, gardant les grandes initiatives, les initiatives exceptionnelles, se réservant tout ce qui toucherait « à la diplomatie et à la guerre » en Algérie. Auprès de ce secrétaire d'Etat, de ce ministre, un conseil métropolitain de l'Algérie, pris en dehors des Chambres parmi des hommes dont la majorité devrait avoir séjourné longtemps dans notre colonie d'Afrique et ne pas l'avoir quittée depuis trop longtemps. A ce conseil métropolitain, le contrôle, les avis qui peuvent se donner de loin, la délibération qui est de plusieurs.

A Alger, un gouverneur général, couvert par le ministre devant le Parlement, et, sauf « la guerre et la diplomatie », armé de toute l'initiative et investi de toute l'autorité : à lui, l'action qui est d'un seul. Auprès de ce gouverneur général, un conseil où siégeraient cinq ou six membres pour l'expédition habituelle des affaires et qui, par l'adjonction d'une douzaine d'autres membres, européens et indigènes, se transformerait en législature algérienne. A l'habitude, le gouverneur général procéderait à coups de décrets ; dans les matières difficiles ou les circonstances graves, ses décrets seraient rendus en conseil et seraient moins des décrets que des lois.

L'Algérie serait, de la sorte, gouvernée surtout en Algérie même. Les Chambres françaises ne s'occuperaient pas, autant que possible, de légiférer pour l'Algérie, qui les intéresse sans doute, mais qu'elles connaissent peu ou ne connaissent pas du tout. Elles ne s'occuperaient d'elle, si l'on veut, que lorsqu'un intérêt national serait en jeu. Par une conséquence forcée, l'Algérie (et, du reste, toutes les colonies) cesserait d'être représentée dans les Chambres françaises. De même que l'initiative, que l'action gouvernementale serait à Alger et le contrôle à Paris, de même l'Algérie aurait ses représentants à Alger, et à Paris, ses « censeurs », ses défenseurs. Le conseil élargi, le conseil plénier du gouverneur général, à Alger, serait la Chambre algérienne, et le conseil métropolitain, à Paris, le Sénat algérien.

Comme le corps électoral est extrêmement restreint en Algérie, comme les services y sont trop directs et les obligations trop personnelles, comme il s'y forme inévitablement des *camorras*, des coteries, une clientèle, on recourrait le moins possible à l'élection. La procédure des décrets entraînerait le plus souvent avec elle la procédure de la nomination. En effet, ou il faudrait étendre aux indigènes le droit de suffrage, ce qui, même pour les Kabyles, est une songerie creuse, ou, puisqu'on ne peut l'enlever aux colons et aux juifs, il faut en modérer infiniment l'usage. L'Algérie serait considérée comme une mineure politique et, jusqu'à ce qu'elle ait atteint sa majorité, confiée aux soins de l'Etat, du gouvernement général à Alger et du conseil métropolitain à Paris, ses deux tuteurs naturels et légaux.

Ce mode de recrutement par nomination permettrait de faire entrer dans les conseils algériens les sommités de la métropole et de la colonie, le mieux désignées par leurs connaissances générales ou spéciales. Ainsi pour l'Inde où Macaulay, où sir Henry Sumner Maine, d'autres encore qui ont un nom illustre, ont fait partie du conseil de gouvernement, à titre de membres jurisconsultes. Jamais, en Algérie, en pays primitif, le gouvernement général ne sera doué de trop de force, environné de trop de prestige.

A la question posée par la commission des dix huit : « Restriction ou extension de l'initiative du gouverneur général », on peut et l'on doit hardiment répondre : Extension de l'initiative, à condition que le gouverneur général soit un homme d'initiative. A la seconde question : « Assimilation des départements algériens aux départements français », il faut répondre : Création ou développement de provinces algériennes. Que les préfets, en Algérie, ne soient plus les préfets du ministère de l'intérieur, mais ceux du gouvernement général. Je ne crois pas me tromper en avançant que, dans ces dernières années, il n'y avait plus un seul pouvoir, il y avait trois ou quatre pouvoirs : un ou deux à Alger, un à Oran, un à Constantine. Les sénateurs et députés algériens avaient fait main basse sur tout, et ils avaient leur cour et ils régnaient. Dès lors, il n'y avait plus d'Algérie ; il y avait trois ou quatre parts d'Algérie.

J'ai fini. Si j'ai paru insister plus longuement sur ce que j'ai vu de mauvais que sur ce que j'ai vu de bon, c'est qu'il importait de trouver les causes d'un malaise devenu évident pour tout le monde. Je voudrais que la parole par laquelle je terminerai fût une parole de foi et d'espérance. En somme, il y a beaucoup de fait en Algérie. Tout ne reste pas à faire ; tout n'est ni à défaire, ni à refaire. A ceux qui m'interrogeraient : Que vaut notre œuvre, que sont les choses de là-bas ? je ne pourrais que dire : Œuvre humaine et choses humaines, mêlées de mauvais et de bon. Certaines parties à conserver telles quelles, d'autres à corriger, d'autres à recommencer. Ma conviction est, cependant, que les parties faites et bien faites sont peut-être les parties secondaires ; la clef de voûte n'est pas à sa place. Un jour ou l'autre, l'édifice sera à reprendre, et, pour clore par un mot de philosophe ces études qui n'ont jamais perdu le caractère philosophique, à reprendre presque dès les fondations : *Instauratio facienda ab imis fundamentis.*

APPENDICE

APPENDICE

J'aurais pu joindre à ce volume une série de pièces justificatives. Il n'y avait qu'à ouvrir le dossier ; la seule difficulté eût été de choisir. Parmi les pièces dont je me suis servi, les unes sont des lettres intimes ; quoique signées de noms universellement respectés, elles ne sont point, à proprement parler, des documents. Les autres sont de véritables documents, mais ne m'ont été communiquées que confidentiellement. Je ne puis donc pas en faire un usage direct et public.

Au surplus, les faits que j'énonce, lorsque je les présente sans réserves, ne sauraient être contestés, et d'ailleurs je n'ai point voulu dresser un réquisitoire contre telle ou telle branche de l'administration, contre telle ou telle catégorie de fonctionnaires. Ce petit livre est plutôt un essai de politique positive, scientifique, évolutionniste, appliquée au gouvernement de l'Algérie. Partir de la vie, suivre la vie, modeler les institutions sur les hommes et sur les choses, qu'on ne change pas d'un coup de baguette ; pour cela, bien connaître les mœurs, le droit, les coutumes, l'organisation sociale des indigènes : je ne crois pas qu'il puisse y avoir une autre méthode.

Les passages suivants, extraits de rapports de commissaires enquêteurs et relatifs à quelques tribus du Tell (Beni-Menguellet, Beni-Khalfoun, Flisset-el-Bahr, tous Kabyles), à une tribu du Tell (les Tacheta), enfin, à trois tribus de la région intermédiaire, Tell, Hauts-Plateaux, Sahara (Aziz, Rahman-Ghéraba et Oulad-Allan), ces monographies seront pour nous, au point de vue où nous nous sommes placé, les meilleures des pièces justificatives.

I

EXTRAIT du rapport d'ensemble sur les opérations de délimitation de la tribu des Beni-Menguellet (1).

Les guerres étaient des plus fréquentes entre les Beni-Menguellet et les tribus du Djurdjura. On a conservé le souvenir très vivant de quelques affaires qui se sont passées peu de temps avant la conquête française.

Sur le marché du Djemaa, un Kabyle des Beni-Menguellet se querelle avec un indigène des Attafs: ils en arrivent aux coups, les tribus prennent parti chacune pour leur compatriote ; 65 hommes restent sur le terrain et une guerre s'ensuit, qui coûte 90 hommes aux Beni-Menguellet et 70 aux Attafs.

Une femme de Taourirt des Menguellet ayant, en

---

(1) Kabylie.

l'absence de son mari, accordé son anaïa (1) à un voyageur qui se trouvait sous le coup d'une vengeance particulière, lui donna la chienne de la maison, comme symbole de l'anaïa. Cette anaïa fut violée, le voyageur tué par ses ennemis, et la chienne revint au village tout ensanglantée. Le Beni-Menguellet dont on avait violé l'anaïa, appela aux armes sa tribu et la guerre éclata, acharnée, entre toutes les tribus de la confédération des Zouaoua.

. . . .
. . . .
. . . .

La population actuelle des Beni-Menguellet s'élève à 4,764 âmes, divisée en 13 villages, dont le plus important est celui de Taourirt en Tidits (878 habitants).

. . . .

L'écart n'est pas très grand entre les enfants des deux sexes : on est donc amené à conclure que la mortalité est très grande chez les hommes, adonnés à de rudes travaux, voyageant en pays étrangers, et dont les mœurs farouches amènent de fréquentes morts violentes.

La pauvreté du territoire des Beni-Menguellet n'empêche pas, depuis 1871, la population d'y augmenter de 10 0/0 tous les cinq ans. Aussi beaucoup de tribus voisines ont-elles dans leurs villages des émigrés des Beni-Menguellet.

. . . .
. . . .
. . . .

La superficie de la tribu délimitée est d'environ

---

(1) Sa protection.

3,356 hectares ; c'est donc, pour une population de 4,764 habitants, 1,42 par hectare, densité considérable si l'on songe que le territoire des Beni-Menguellet est un des plus ingrats de la Kabylie du Djurdjura, le pays le moins fertile de l'Algérie. Une culture acharnée, un certain commerce, l'industrie remplacent en partie les ressources que les indigènes de l'Algérie retirent généralement sans effort de leur sol si fertile. Une maigre récolte d'orge, des figues, des olives et des glands doux, sont les seuls produits que les Beni-Menguellet recueillent sur leurs terres. Les frênes et les ormeaux alimentent de leur feuillage précieux quelques troupeaux : nulle part de mines ni de carrières, le schiste, qui forme l'ossature du sol, étant friable et inutilisable pour les constructions. L'agriculture est honorée, relativement très avancée, surtout l'arboriculture. Des lois spéciales protégeaient, avant la conquête française, le laboureur, son cheptel et ses outils ; le vol d'une charrue était déshonorant et celui qui s'en rendait coupable, chassé du village.

Les mœurs primitives des Berbères se sont conservées avec une assez grande pureté dans les Beni-Menguellet ; nulle race étrangère ne s'était, de force, implantée chez eux avant l'arrivée des Français. Ils avaient conservé leurs usages et leur Kanoun tels qu'ils existaient pendant la période romaine.

L'unité administrative était, chez eux, le taddert ou village. Sans vouloir entrer ici dans des détails que tout le monde connaît, rappelons que l'assemblée populaire, dite Djemaa, était seule souveraine ; que les bouchers, cordonniers, mesureurs de grains et quelques autres gens de métiers, considérés comme impurs, n'avaient pas droit de vote ; que l'amin, chef du vil lage, n'était que l'exécuteur des décrets de la Djemaa ; que les tamens, chefs de Karouba, subdivision du taddert, n'avaient aucun pouvoir en dehors de leurs familles respectives ; que l'oukil était le receveur du village sans aucun pouvoir administratif.

En cas de guerre nationale, les Beni-Menguellet nommaient un chef qui avait des pouvoirs semblables à celui du dictateur romain. Cette institution faisait taire, en cas de danger commun, toutes les rivalités de villages, de soffs et de familles, et donnait aux Beni-Menguellet une force redoutable à leurs voisins plus divisés. C'était, en général, le village de Taourirt qui fournissait le chef de guerre.

Le droit privé avait pour caractère saillant les atroces coutumes de l'ousiga et de la rebka. Cette dernière, sorte de vendetta perfectionnée, fleurit encore dans les Beni-Menguellet, et c'est à elle qu'il faut attribuer la plupart des meurtres en Kabylie. Lorsqu'on lésait un individu, on lésait sa Karouba tout entière, qui se chargeait de tirer vengeance du délit ; de là des guerres intestines continuelles, car la Karouba la plus faible ne manquait pas d'en appeler à son village ou à son soff.

Le droit pénal comportait un code très développé et très détaillé, appelé Kanoun (du mot berbère Kanounn, foyer domestique).

Ce Kanoun était fortement imprégné de droit romain. Il ne comportait pour sanctions que l'amende et le bannissement : le peuple berbère est trop épris de liberté pour admettre la prison. Le taddert, sauf des cas très rares, ne condamnait jamais à mort. La Karouba se réservait l'application des hautes peines pour outrages faits à leur horma, ou lorsqu'il y avait crime contre un de leurs membres.

Le Kanoun de Taourirt en Tidits ne comprend pas moins de cent articles, dont voici quelques-uns, choisis parmi ceux qui s'éloignent le plus du droit romain, ou qui peuvent le mieux donner une idée de cette législation primitive.

Le témoignage des étrangers n'est pas admis ; un étranger ne peut habiter le village qu'avec l'autorisation de la Djemaa.

Celui qui fait un faux témoignage paiera l'amende qu'aurait dû payer celui qu'il accusait. Celui qui commet l'adultère paye 100 réaux d'amende et est banni.

Celui qui menace de frapper paye 2 réaux, celui qui frappe, 5 réaux. Celui qui frappe pour défendre son honneur ne paye rien. Celui qui vient en aide, en paroles seulement, à des gens qui se disputent, paye un réal. Celui qui épouse ou marie une femme pendant l'aïdda (délai de veuvage) paye 10 réaux. Si un habitant facilite aux ennemis d'un étranger fixé dans le village le moyen de le tuer, il subit la peine de la confiscation des biens.

L'homme qui reproche à une femme sa conduite paye 5 réaux. Celui qui stationne sur le chemin de la fontaine (pour voir les femmes) paye un 1/2 réal.

Celui qui *charme* un arbre, 50 réaux d'amende et 50 de dommages.

Chaque espèce de vol est spécifiée et comporte une peine différente: tant pour voler des figues, tant pour voler des glands ou des feuilles de frênes. Le Kanoun punit même l'intention du délit, avant le commencement de l'exécution, requis par la loi française.

Ce qu'il y a de remarquable en outre, c'est la sévérité avec laquelle sont punis les délits commis contre les arbres. Les peines les plus sévères sont réservées pour celui qui coupe leurs branches, leurs feuilles ou même les fait périr par un *simple charme*. L'arbre a toujours été sacré pour un peuple qui doit au figuier sa nourriture quotidienne, à l'olivier, son condiment favori, au frêne, la nourriture de ses troupeaux, et qui habite un pays froid où le bois de chauffage est rare et cher.

Les principales coutumes en vigueur encore dans les Beni-Menguellet, malgré les efforts de l'autorité française, sont :

La *Rebka* ; c'est la dette du sang contractée par la famille de l'homicide vis-à-vis de la famille de la victime. Elle entraînait une vendetta à forme particulière : la famille lésée se réunissait et décidait quelle serait, dans l'autre famille, la victime expiatoire, qui souvent n'était pas le meurtrier. Le meurtre d'un homme influent d'une karouba entraînait la mort d'un homme d'une valeur équivalente ; la mort d'une femme, l'assassinat d'une femme et le meurtre même *involontaire* entraînait rebka. La rebka se rendait, se troquait, s'acquérait par héritage : on pouvait confier le soin de l'exécution à des assassins de profession, sorte de *bravi*, très nombreux en Kabylie ; mais alors, le meurtre commis, il fallait le déclarer exécuté pour son compte et en assumer la responsabilité en tirant un coup de fusil en l'air devant la Djemaa.

L'*Anaïa* est la sauvegarde donnée par un homme ou une femme kabyle à une personne qui se trouve sous le coup d'une vengeance ou d'un danger quelconque, ou à un voyageur en pays étranger. Le donneur d'anaïa remettait à cette personne un objet, bien connu pour lui appartenir, et qui lui servait de sauvegarde contre ses ennemis. — Le vol de l'anaïa était immédiatement vengé par celui qui l'avait donnée et amenait généralement des guerres atroces, le village et la tribu étant engagés à soutenir l'honneur des leurs, sous peine d'être exposés au mépris général. Mais généralement tant valait l'homme, tant valait l'anaïa. L'anaïa d'un pauvre diable n'avait guère de valeur.

L'*Ousija* est un droit de représailles que pouvait exercer, en dehors de son village, le Kabyle lésé par un habitant d'un village voisin. Encore une source de luttes terribles. Un vol, une violence, le refus de payer une dette, amenait un vol, l'enlèvement d'un enfant ou de bestiaux. Le village, une fois l'ousiga achevée, examinait si elle avait été justement appliquée, la soutenait ou ordonnait la restitution des personnes ou des objets enlevés.

La *Horma* peut se traduire par le mot français honneur. Un reproche, une violence, même insignifiante, faits à un Kabyle en présence d'une femme, lésait sa horma et amenait généralement de sanglantes vengeances. La maison participait à la horma du propriétaire : c'est avec des formalités respectueuses qu'un indigène pénètre dans la maison d'un autre : casser les tuiles de sa maison est le plus sanglant outrage que l'on puisse faire à un Kabyle.

Le village et la karouba avaient leur horma, inattaquable comme celle des particuliers.

Droit des marchés. — Les marchés avaient leur législation spéciale. C'étaient des lieux placés sous la sauvegarde de la tribu qui avait intérêt à y maintenir la tranquillité. La moindre rixe, le moindre vol pouvaient amener des catastrophes comme celles citées plus haut. Aussi les délits, même peu graves, étaient-ils punis de mort par la lapidation. Le coupable était amené au centre du marché, chaque assistant prenait une pierre en main, et tous ensemble la lançaient à la victime, qui restait sur le carreau, broyée et recouverte. Les marchés des Menguellet sont pleins de ces tas de pierres significatifs.

L'*Oukaf* est un simple recéleur qui serait considéré comme complice d'après nos lois. — En Kabylie, c'est un homme respecté, riche, aimé. Les voleurs lui apportent leur butin, qu'il se charge de mettre en lieu sûr et d'écouler ; il s'occupe aussi de faire retrouver aux volés leurs biens, moyennant un droit nommé *Bechara*. L'oukaf est généralement l'homme le plus écouté du village, il peut aspirer aux plus hauts emplois.

Le droit du talion, en dehors du cas de meurtre, qui emporte rebka, est appliqué dans toute sa rigueur : dent pour dent, œil pour œil.

La nourriture des Kabyles est, sauf les jours de marché, presque exclusivement végétale : beaucoup ne sont même pas assez riches pour acheter de la viande. C'est ce qui a amené la coutume de la *Timecheret*. Le village emploie une partie de ses revenus, le produit des amendes, des dons volontaires, des droits de fête, à acheter des animaux qui sont abattus et partagés entre tous. Les plus pauvres peuvent ainsi se régaler de viande ; leur part, celle des veuves, des orphelins, des femmes enceintes ou en couches, est scrupuleusement prélevée. Abattre des animaux en cachette est un délit prévu et puni par la coutume. L'habitant d'un village qui est autorisé à tuer un animal pour sa consommation personnelle, ne peut refuser d'en céder aux malades et aux femmes enceintes.

La *Thouiza* consiste en prestations volontaires, que font les hommes valides pour labourer et moissonner le champ des malades et des veuves. Elle a lieu généralement le vendredi. C'est un admirable exemple de la solidarité qui unit tous les Berbères d'un même village.

Bien que fervents musulmans, affiliés pour la plupart aux ordres religieux, les Menguellet répudient certaines prescriptions koraniques.

Le polygame est peu considéré : les gens de race kabyle pure sont généralement monogames, à moins qu'ils ne puissent obtenir d'enfant mâle d'une première femme. Mais la facilité du divorce, bien plus grande qu'en pays arabe, tempère singulièrement la rigueur de cette coutume.

Contrairement au Koran, les femmes n'ont aucune part dans l'héritage paternel. Elles n'ont aucun droit de posséder ; quand on les marie, elles passent elles-mêmes, comme propriété, du père au mari.

Si ce dernier meurt, la femme est comprise dans son héritage et généralement épousée par l'un des héritiers, le frère du défunt le plus souvent ; sinon, elle est revendue au profit de la succession.

Les Beni-Menguellet payent l'impôt de capitation, la lezma ; son produit actuel est de 21,696 fr. Avant la conquête, nul impôt que ceux consentis temporairement par les Djemaas ne pesait sur eux. Ces impôts étaient généralement payés en nature, savoir l'achour et la fétéra, qui avaient un caractère religieux et servaient à l'entretien des mosquées, des écoles, au salaire des marabouts et khodjas de villages ; aumônes aux pauvres, etc... L'achour se percevait au moment des récoltes, la fétéra à la fin du Rhamadan. Les prestations en nature étaient très nombreuses. Elles avaient pour but les réparations aux édifices communaux et religieux, des chemins, des fontaines, des ouvrages défensifs ; le transport des meules de moulin, des poutres des maisons, de l'eau et du bois, en prévision de siège, le creusement des tombes des habitants du village. En cas de guerre, on levait un impôt extraordinaire qui se payait tant par fusil. Il servait à pourvoir les pauvres d'armes et de poudre, à acheter l'amitié des soffs influents. C'était l'impôt sacré par excellence et que personne n'hésitait à payer. Tous ces impôts ont disparu aujourd'hui ; mais les familles aisées payent encore, de leur plein gré, une sorte de redevance variable aux pauvres et aux marabouts, au lieu et place de l'achour et de la fétéra.

L'agriculture, comme nous l avons dit, était très honorée et l'est encore chez les Beni-Menguellet. Des dispositions légales particulières protégeaient les charrues ; ceux qui en fabriquaient, comme les forgerons qui réparaient les outils, étaient exempts d'impôts et de corvée. La charrue et les bœufs de labour avaient droit de passer sur les terres d'autrui, et de se rendre au travail en coupant au plus près. Les bœufs ne sont jamais maltraités ni frappés comme les autres animaux. Le Kabyle ne leur demande que la somme de travail strictement nécessaire à ses besoins : il leur parle comme à des personnes raisonnables et n'hésite pas à entrer avec eux dans de grands détails sur les difficultés à surmonter, et les récompenses qu'il leur allouera s'ils se conduisent bien. A chaque renouvellement d'année, il les prévient et les invite à se mettre en garde contre le mauvais sort. Ce respect et cet attachement pour les bœufs fait que l'impôt-prestations qui pèse sur les paires de bœufs est fort impopulaire en Kabylie.

Avec une paire de bœufs et un araire, dont la forme n'a pas changé depuis l'époque romaine, les Kabyles peuvent labourer, durant la saison des semailles, environ 8 hectares de terre ; pas un indigène des Beni-Menguellet ne possède, il est vrai, d'un seul tenant, une pareille propriété. Ils donnent ensuite une façon au pied des figuiers, lorsqu'il n'a pas déjà été labouré pour être ensemencé. Les principales graines mises en terre à la charrue sont : le blé dur et le blé tendre (très rares et semés seulement aux alentours des villages), l'orge, l'adjilban, sorte de vesce ou pois chiche, les navets d'hiver, le bechna (très rare). L'emploi de la herse est inconnu ; le grain semé d'abord est seulement recouvert par la charrue. Les semis de maïs se font à la main dans les jardins, qui sont exclusivement cultivés par les femmes. Ces jardins sont très nombreux et très bien entretenus : ils fournissent en abondance les piments doux et forts, les oignons, l'ail, les concombres, les melons, les pastèques, différentes espèces de citrouilles, les loubia (sorte de haricot-dolique). Depuis quelque temps, on y voit également quelques pieds de pommes de terre, de tomates, de choux. Les chardons comestibles sont cultivés dans des jardinets séparés, situés aux abords des villages et généralement fumés à l'engrais humain.

Les arbres à fruits sont nombreux ; mais le poirier,

le pommier, le cognassier, le prunier, le grenadier sont rares ; l'oranger et le citronnier existent dans les bas-fonds. En revanche, le sol est couvert de figuiers, dont le fruit, frais ou sec, forme la base de la nourriture du peuple ; d'oliviers, qui donnent une huile d'excellente qualité lorsqu'elle est convenablement préparée ; de frênes et d'ormeaux, dont les feuilles nourrissent les bestiaux en été ; de chênes à glands doux, qui donnent des fruits assez semblables aux châtaignes et dont on retire une farine lourde à digérer. Ces arbres sont soignés avec intelligence, bien taillés ; les figuiers seuls sont fumés et arrosés, les oliviers arrosés seulement, si possible. Les chênes croissent sans culture aucune, sauf une taille pour enlever les bois secs.

Malgré l'emploi scrupuleux du moindre coin de terre, les Beni-Menguellet sont loin de retirer de leur sol les fruits nécessaires à leur consommation. Ils sont tributaires pour les céréales des régions de M'Sila, Bordj Bou Arreridj et Aumale. C'est cette nécessité d'aller chercher au dehors les grains de consommation qui a dû les amener à faire du commerce et à entreprendre diverses industries pour obtenir des objets d'échange. Quelques-uns font aussi la banque (l'usure plutôt) ; il y a des commerçants et des banquiers très riches, mais la majorité de la population est misérable.

Les colporteurs Menguellet exploitent, outre les pays à céréales, les régions de Ténès, Tiaret, Teniet el-Haad. Les plus riches sont marchands de tissus, de céréales ou maquignons. Ils possèdent des mulets, ou tout au moins des ânes pour leurs bagages. Les plus pauvres se contentent de porter sur leur dos un sac ou une peau de bouc, pleins des denrées les plus diverses dont l'ensemble forme l'*Atria*. L'atria se compose des choses les plus bizarres et souvent peu marchandes : épiceries, bijoux faux, philtres amoureux, aphrodisiaques, couleurs, objets de toilette, remèdes cabalistiques, amulettes, et souvent de la poudre et du plomb. Un colporteur habile et économe peut, de troc en troc, centupler son capital en six mois; il est vrai que ce capital ne vaut souvent pas cinq francs.

L'association commerciale est fréquente, on peut même dire qu'elle est de règle dans les Beni-Menguellet. Chaque colporteur est associé avec un bailleur de fonds auquel il doit une partie de ses bénéfices ; il y a souvent un troisième associé qui fournit les bêtes de somme. Enfin (d'après les Kanouns) il y a même association forcée dans quelques cas: un boucher qui achète une bête sur le marché pour l'abattre est en association forcée, pour cette bête, avec tous les bouchers présents, si ceux-ci le désirent. Tout colporteur rencontrant un autre Kabyle en pays étranger doit l'aider de ses moyens s'il se trouve dans le besoin, lui porter sa charge s'il est trop faible et s'il tombe sous le faix, le défendre s'il est attaqué, même au péril de sa vie. Si une bête de somme meurt, les colporteurs qui rencontrent le propriétaire doivent reporter la charge sur leurs propres bêtes, et même la porter à dos d'homme. L'esprit de solidarité est la note dominante de la société berbère.

L'industrie principale est la menuiserie et surtout le tournage des plats en bois. Les Beni-Menguellet ont bien des forgerons et des teinturiers, leurs femmes tissent bien de solides burnous et d'élégantes couvertures très estimées; mais l'industrie véritablement nationale est la confection de ces immenses plats à couscouss en bois de frêne, de chêne, d'aulne rouge, et la fabrication de cuillers en bois d'olivier. C'est par milliers que ces objets s'exportent dans toute l'Algérie. Pour les exécuter, les Beni-Menguellet ne possèdent pour tout outil que leur hachette (tokelszimt) à deux tranchants, l'un vertical, l'autre horizontal, et un tour dont la simplicité ingénieuse défie toute description. Leur travail est assez fini néanmoins et quelquefois augmenté de dessins au couteau très patiemment faits.

Les banquiers kabyles des Beni-Menguellet sont renommés : quelques-uns d'entre eux possèdent des fortunes énormes. Larbi Naït Salem, amin d'Ouaghzen, passe pour être plusieurs fois millionnaire : ses créances sur la tribu des Beni-Raten s'élèvent à 1.100.000 francs.

Un village français s'est installé sur le territoire des Beni-Menguellet, sur un terrain communal dit Mechmel d'Aïn-el-Hamman. Ce village porte aujourd'hui le nom de l'historien philosophe Michelet.

Défavorablement situé au point de vue agricole, au milieu d'un sol infertile et dénudé, il ne sera jamais qu'un centre administratif pour les tribus des Zouaoua.

. . . .
. . . .

Caractère de la propriété dans la tribu.

Dans les Beni-Menguellet comme dans toute la Kabylie, les caractères généraux de la propriété dif fèrent de ceux que nous sommes habitués à trouver en Algérie. Le droit romain a laissé dans les Kanouns kabyles des traces ineffacées, et il est même assez singulier que les Berbères, qui ont toujours refusé de se soumettre à la constitution de Rome comme à ses armes, aient conservé une partie de sa législation. Ce fait étrange tient évidemment aux immigrations dans le Djurdjura des peuplades néo-latines refoulées par les invasions vandales et arabes.

Il n'y a pas de propriété arch en Kabylie; la propriété à titre privé, dite melk, est seule admise avec la nuance du mechmel. Le mechmel est une terre qui, par la volonté du donateur, ou par suite de son acquisition, faite collectivement, est restée commune à une karouba, un village, une tribu.

Le mechmel a quelquefois le caractère de habous quand il a été affecté par un donateur à l'entretien des mosquées ou à des œuvres de bienfaisance.

Il a un caractère bien empreint de socialisme kabyle, quand ses revenus sont affectés à la coutume de la timecheret (achat de viande en commun).

Il a le caractère de communal lorsque, acheté soit par la caisse du taddert, soit par une contribution volontaire de ses habitants, il est affecté au pâturage des animaux, à l'affouage, à la glandée.

Il a le caractère de bien domanial quand une tribu le possédait en commun après l'avoir conquis sur une autre tribu, soit par la force des armes, soit par suite d'un accord commun.

Les biens mechmels de toute nature pouvaient s'aliéner suivant les mêmes formes que les biens ordinaires. Nous ne donnerons donc aucun détail sur leur mode de vente, d'acquisition, de location. Les délits commis sur les biens mechmels avaient jadis un caractère de gravité tout particulier, parce qu'ils se commettaient aux dépens de la horma du village ou de la tribu.

Aussi de simples délits de pacage entraînaient-ils des combats en règle.

Les sources, ravins, rivières étaient, suivant les cas, biens communaux ou biens melks.

On peut dire, en résumé, que la propriété est constituée dans les Beni-Menguellet absolument comme en France, c'est-à-dire qu'il y a des terres possédées à titre privé et d'autres qui correspondent aux biens communaux et domaniaux des pays de droit latin. Le mechmel habous seul est d'importation arabe : aussi ne le trouve-t-on que dans les environs des zaouïas fondées par les marabouts marocains : il n'en existe pas dans la tribu qui nous occupe.

Les biens melks (nous nous servirons de ce mot pour désigner les propriétés privées) sont soumis à une foule de coutumes et d'usages locaux.

Tout d'abord, signalons deux particularités qui sont la conséquence de la vie politique et sociale des Kabyles. Restés indépendants dans leurs montagnes, ils ont résisté à toute tentative de conquête, non seulement par la force des armes, mais encore par leurs institutions. Pour empêcher l'étranger de prendre pied dans leur pays, ils décidèrent que les femmes n'apporteraient aucune dot à leur mari et n'auraient aucune part dans l'héritage paternel, et que l'étranger (fût-il d'un village voisin) ne pourrait acheter aucun terrain dans la tribu. Etait excepté bien évidemment de cette règle l'étranger accueilli par le village et qui en était devenu citoyen. Du reste, le droit de préemption (chefaâ), qui était réservé non seulement aux parents, mais à tout le village, empêchait, par son extension, toute intrusion d'éléments étrangers. Grâce à ces restrictions, les biens se transmettaient de mâle en mâle sans pouvoir sortir du village, et c'est ainsi que, jusqu'à la conquête, les tadderts kabyles ont pu conserver intégralement leurs territoires. Depuis, et surtout après 1871, les conditions ont bien changé ; les Kabyles ne se croient point astreints à cette coutume de leurs pères, et les Beni-Menguellet en particulier ont ouvert leur sol à leurs voisins.

Les biens melks sont régis par le droit romain, avec des nuances que nous allons signaler :

Certains immeubles qui, en pays latins, sont toujours propriétés domaniales ou communales, sont quelquefois possédés à titre privé.

1° Les mines et les carrières sont toujours propriété du maître du sol.

2° Les cimetières appartiennent, en tant que terre, la plupart du temps à une seule famille. Tout le village y inhume ses morts ; si les inhumations cessent, le sol revient à la famille propriétaire.

3° Les immeubles destinés à la prière ou à l'assemblée commune (Djemaa) peuvent être propriété d'un particulier ou d'une famille ; le village n'a que le droit de s'y rassembler.

Certaines servitudes qui peuvent paraître étranges grèvent le plus souvent les propriétés particulières, par exemple :

Le premier étage d'une maison peut être construit et appartenir à un autre maître que le propriétaire du rez-de-chaussée ;

Les arbres peuvent être indépendants de la terre

qui les porte : leurs rejetons mêmes, dans une circonférence de trente pas, appartiennent au propriétaire de l'arbre, qui doit les enlever quand ils sont enracinés ;

Le propriétaire du sol ne peut couper les racines de l'arbre, mais il a le droit de labourer jusqu'à son pied.

Si un torrent enlève une parcelle de propriété, un arbre, par exemple, et le transporte sur l'autre rive ou en aval, le propriétaire a le droit, suivant l'expression kabyle, de suivre sa propriété. Mais si l'arbre ou le terrain transportés recouvrent le sol d'un tiers, c'est ce tiers qui devient propriétaire de la chose transportée.

Les îlots, lais et relais qui se forment dans les oueds appartiennent aux riverains.

Les filles et les femmes répudiées ou veuves, bien que n'ayant aucun droit à la succession paternelle, ont droit d'habitation dans les immeubles appartenant aux mâles de leur famille.

En dehors de la plupart des servitudes prévues par les lois françaises, on peut encore citer les suivantes :

Le bornage à frais communs des terres est obligatoire ;

La clôture des terrains cultivés aux abords des villages est obligatoire (haie sèche ou vive) ;

Tout propriétaire qui laisse des sauvageons non greffés sur son terrain, peut les voir greffés par un étranger, qui dans ce cas a droit à la moitié de la récolte de l'arbre amélioré ;

Tout propriétaire qui arrache un arbre non mort doit en planter dix : il n'en est pas de même s'il se contente de le couper, les rejetons reconstituant la végétation primitive.

Ces deux usages sont malheureusement tombés en désuétude depuis l'insurrection de 1871.

Le propriétaire d'arbres isolés sis sur un terrain appartenant à autrui a droit de passage sur ce terrain pour labourer ses arbres, les tailler, récolter les fruits.

Le passage des meules à moulin et poutres à bâtir est autorisé sur tout terrain ; il en est de même pour les charrues, les bœufs de labour, les mulets conduits par la bride.

L'herbe qui pousse sur une propriété ouverte et qui n'est pas enlevée est propriété de celui qui s'en empare : ce qui implique le droit de vaine pâture. Toutefois le propriétaire du sol peut se réserver l'herbe de son champ en y plantant des roseaux secs ou des branches de lauriers-roses.

Le voyageur a droit de puiser de l'eau, de couper de l'herbe pour ses animaux, de recueillir le bois sec pour son feu, de stationner où bon lui semble, de manger des figues vertes à sa faim, sans en emporter ; il est considéré comme hôte de Dieu...

La possession a toujours été considérée comme valant titre : cela devait être chez un peuple où les lettrés sont une très rare exception ; le droit du premier occupant a toujours été respecté. Une fois la propriété ainsi établie, les modes de transmission des immeubles sont devenus très nombreux. Voici les principaux :

La *revivification* : tout propriétaire qui abandonne une terre qui a perdu sa fertilité, la perd au profit de celui qui, par son travail, la revivifie. Ce mode d'acquisition est très rare dans les Beni-Menguellet, chaque propriétaire fumant et cultivant son champ avec acharnement.

La succession paternelle se partage entre tous les héritiers directs mâles, à l'exclusion absolue des femmes. Si le défunt ne laisse pas d'héritier mâle direct, ce sont les héritiers au second degré qui héritent, ainsi de suite jusqu'à épuisement de la lignée masculine. S'il n'a aucun héritier connu, le village s'empare des biens, fait une timecheret avec le prix des meubles, et les immeubles deviennent mechmels et sont revendus au profit de la caisse du taddert.

L'enfant posthume hérite au même titre que les autres ; on a même admis la bizarre coutume arabe qui consiste à reporter de plusieurs années en arrière la paternité d'un enfant : il est dit alors « endormi » dans le sein de sa mère et hérite comme ses frères putatifs.

La femme, bien qu'exhérédée par la loi kabyle, peut posséder des terres si elle les a gagnées par son travail et son économie. Si elle meurt, son héritage appartient à son mari dont elle est la chose ; à défaut de mari, à son fils ou à son frère. Elle peut néanmoins faire donation spéciale d'une partie de ses biens ; quoique illégales, ses dispositions testamentaires sont toujours respectées : celui qui les attaquerait ou n'en tiendrait pas compte serait déshonoré.

Les biens, entre héritiers, restent indivis ; mais nul ne peut être forcé à rester dans l'indivision ; les partages se font à simple demande d'un intéressé.

Le droit de tester est absolu : un père peut déshériter son fils : dans ce cas, le testateur fait généralement bénéficier ses petits-fils de l'exclusion prononcée contre leur père.

Une maison, un arbre même peuvent appartenir à plusieurs propriétaires différents, qui peuvent se désintéresser à prix d'argent ou rester indivis.

La licitation est admise dans tous les cas où elle est jugée nécessaire.

La donation entre-vifs est très fréquente : elle se constate généralement par témoignage ou se fait en présence de la Djemaa assemblée : il est rare que le cadi intervienne. Les femmes sont aptes à recevoir une donation, et la femme peut également faire don de son avoir particulier.

Les donations sont toujours révocables par le donataire.

Les ventes s'opèrent de gré à gré; il est bien rare qu'on ait recours au ministère du cadi, institution arabe qui déplaît aux Kabyles.

Cependant les contrats par-devant le notaire musulman deviennent de jour en jour plus fréquents.

Avant la conquête française, l'acte de vente se faisait verbalement devant la Djemaa ou devant des marabouts; si ceux-ci savaient écrire, ce qui était rare, ils en dressaient une sorte d'acte que les propriétaires conservent encore précieusement.

Les formes de vente étaient nombreuses; les principales étaient :

La vente simple sous conditions;

La *tounia*, par laquelle le vendeur ou ses héritiers se réservent le droit de rachat au cas seulement où l'acheteur voudrait ultérieurement se défaire de l'immeuble, à condition d'en donner un prix égal à celui offert par le tiers acquéreur;

L'*akhteur*, par laquelle le vendeur et ses héritiers se réservent le droit de racheter l'immeuble, en cas de revente par l'acquéreur, moyennant le prix fixé pour la vente primitive;

La vente à terme, qui consiste à réserver entre les mains de l'acheteur, pour un temps plus ou moins long, le prix ou une partie du prix de la vente. Cet argent ainsi placé rapporte de forts intérêts.

Les terres peuvent être en outre mises en gage ou rahniées (antichrèse).

Les modes de contrats de location sont très nombreux et très compliqués : nous nous contenterons d'énumérer les plus employés.

La *location pour gage*. Le propriétaire remet à un créancier le droit d'user de sa terre jusqu'à restitution de la somme due. Les fruits que le créancier retire de la terre représentent l'intérêt de son capital : c'est une sorte d'hypothèque, la seule admise dans les Menguellet. A l'échéance, le créancier ne peut disposer du gage

La *location à prix d'argent* : elle est généralement valable, comme toutes les suivantes, pour une année agricole seulement.

Deux Kabyles possédant l'un des figuiers, l'autre des oliviers, s'associent généralement ; l'un fournit à l'autre les figues, et il reçoit en échange des olives.

Un Kabyle possédant un espace de terre considérable peut en louer une partie à un autre Kabyle, qui, pour prix de location, cultivera le surplus ; chacun prend alors les fruits poussés sur son lot.

Le propriétaire peut donner son terrain à un associé qui doit lui remettre une part des produits. Cette part varie du cinquième aux trois quarts. Chaque associé a le droit de cueillir les figues nécessaires à son entretien et à celui de sa famille, lorsque le terrain est complanté en figuiers, ce qui est la règle générale dans les Beni-Menguellet.

APPENDICE.

Le propriétaire peut louer son terrain à un associé sans aucune rétribution. Mais le preneur devra le complanter d'arbres fruitiers. A l'expiration du bail, le terrain et les arbres sont partagés, ou bien le propriétaire donne une partie des fruits au locataire.

Le propriétaire qui possède sur son terrain des sauvageons d'oliviers peut les donner à greffer à un associé. Lorsque les arbres sont en rapport, ils partagent, un tiers au locataire, deux tiers au propriétaire, le plus souvent.

Deux propriétaires peuvent mettre en commun leurs terres, bœufs, semences, outils, etc..., et partager également les fruits de leur travail.

Le propriétaire peut fournir la terre et la moitié de la semence ; l'associé son travail, ses bœufs et l'autre moitié de la semence. Le partage se fait aux deux cinquièmes ou à moitié.

Le propriétaire peut fournir la terre, un associé la semence, l'autre le travail et ses bœufs. Le partage se fait par tiers.

Le propriétaire peut fournir la terre, la moitié de la semence et son travail ; l'associé, l'autre moitié de la semence et les bœufs. Le partage est variable, suivant la qualité de la terre.

Le propriétaire peut fournir la terre, un bœuf et la moitié de la semence ; l'associé, un autre bœuf, la moitié de la semence et une somme d'argent fixe. Le travail se fait en commun et le partage par moitié.

Le propriétaire peut se contenter de prendre un khammès. Il fournit tout alors, le khammès ne devant que son travail.

Les modes de louage peuvent, comme on le voit,

varier infiniment. Il existe encore un autre genre de location, le louage en vert. Un propriétaire qui a besoin d'argent, cède sa récolte en vert à un associé qui lui en donnera une part, ou retiendra tous les fruits au moment de la récolte.

Le propriétaire d'un terrain à bâtir ou de ruines peut charger un associé de construire sur le terrain ou de relever les ruines. Au bout d'un certain temps, la maison ainsi bâtie revient au propriétaire du sol.

Les arbres isolés, ceux dits « abandon », qui n'appartiennent pas au propriétaire du sol, sont toujours réservés dans les contrats de louage. Le plus souvent, du reste, les arbres font l'objet de contrats séparés.

Les frênes, dont les feuilles servent à nourrir les bœufs, se louent généralement pour une certaine quantité de journées de travail de ces bœufs.

Il est bien rare qu'un Kabyle loue un terrain à un nègre, sauf dans les fractions de marabouts. Par contre, un Kabyle qui loue du terrain à une femme ne discute jamais les conditions du contrat, il serait déshonoré.

Tels sont les principaux modes d'acquisition, de transmission et de location des immeubles dans les Beni-Menguellet.

Droits d'usage.

La tribu des Beni-Menguellet possède des droits d'usage sur des terrains mechmels situés sur le territoire de tribus voisines : en revanche, d'autres tribus ont des mechmels englobés dans le périmètre de délimitation.

. . . .
. . . .
. . . .

Le mechmel d'Amalou ou Semoun, situé sur la limite des Beni-Menguellet et des Beni-Ouacif, appartient à la première de ces tribus (village d'Aït-Aïlem).

Ce mechmel a été acquis par ledit village aux gens de Tassaft ou Guemoun (Ouacif) pour servir de pâturage à des troupeaux. Le territoire d'Aït-Aïlem est entièrement défriché. L'époque de l'achat est inconnue : elle est très ancienne. Ce mechmel est composé de pâtures d'assez bonne qualité et de broussailles épaisses de chênes verts ; il a environ 10 hectares.

. . . .

La Djemaa des Beni-Menguellet possède également des droits sur le mechmel dit El Haad Bou Adda ou El Haad Aït Bethroun. Il y a droit de stationnement, d'affouage et de pacage en commun avec les Beni-Boudrar, les Beni-Ouacif et peut-être les Beni-Attafs. Les droits des Beni-Menguellet ne sont pas contestés par les Djemaas intéressées.

La tribu des Beni-Ouacif possède, sur le territoire des Menguellet, le mechmel d'Abdi, qui appartient spécialement au village d'Aït-Erbah. Ce mechmel a été acheté par une cotisation volontaire de tous les habitants du village, longtemps avant la conquête française. Le propriétaire primitif est inconnu. Chaque année, le village louait la terre et ramassait en commun les olives. Le produit de la récolte était affecté à l'entretien de la Djemaa et des fontaines.

. . . .

. . . .
. . . .

La tribu des Akbils possède des droits d'usage sur l'emplacement de l'ancien marché du Djemaa, dit Souk Djemaa Takedimt.

Ces droits proviennent de ce que le territoire de Tamjout (Beni-Menguellet) faisait anciennement partie des Akbils. Lorsque, il y a plusieurs siècles, le village de Tamjout se détacha de cette tribu, en même temps que ceux d'Aït-Aïlem et de Ou Aït Slid, les droits de la tribu des Akbils continuèrent à peser sur le marché dont le terrain avait été acheté en commun aux marabouts d'Agouni Asselent, les Aït Si Ahmed ben Mahmoudi, moyennant une cotisation de 1 fr. 25 par fusil. Les parts de chaque village sur ce terrain sont : Agouni N'tesselent, une ; Aït Hamsi, une ; Aït Mislain, une ; Aït Laziz, une ; Tamjout, une ; Aït Ailem, 1/2. Les droits de chacun sont, du reste, fort contestés et ont toujours été des motifs de discorde entre les tribus des Akbils et des Beni-Menguellet. On ne compte plus les combats qui se sont livrés à ce propos. Ils devinrent même si fréquents et si sanglants qu'un des premiers soins de l'administration française fut de supprimer le marché.

Outre la part de terrain, le village d'Agouni N'tesselent possède sur ledit marché 24 oliviers et 11 frênes, celui d'Aït Hamsi, 12 oliviers.

Le mechmel de Taliouine, situé près du village de Bou-Dafal, est coupé en deux parties par la ligne de démarcation entre les tribus des Beni-Menguellet et des Beni-Yahia : ce terrain n'a pas plus de deux hectares ; il a été acheté par les gens de Bou-Dafal à la famille des Aït-Sidi-Saïd, de Taourirt des Menguellet

Le terrain, de très mauvaise qualité, est complanté de quelques chênes et de quelques frênes. Il n'a d'importance qu'en raison d'une petite source, située vers son milieu, et qui forme un petit marécage où les bestiaux trouvent en été un peu de fraîcheur.

La Djemaa des Beni-Menguellet ne conteste pas les droits des tribus voisines, tels qu'ils viennent d'être énumérés.

II

EXTRAIT du rapport d'ensemble sur la délimitation de la tribu des Beni-Khalfoun (1).

. . . .
. . . .
. . . .

Par un arrêté en date du 24 novembre 1871, dûment revisé par un contre-arrêté du 28 août 1874, le séquestre a été apposé sur les biens des Beni-Khalfoun. La mainlevée en a été prononcée par un arrêté de M. le gouverneur général en date du 22 septembre 1883.

Les indigènes ont intégralement payé la contribution de guerre qui leur a été imposée ; ils ont été admis à se libérer du séquestre collectif apposé sur leurs biens, soit en payant le 1/5 de la valeur de leurs immeubles, soit en abandonnant leurs terres, quand celles-ci se trouvaient dans le périmètre des centres à créer ou à agrandir.

Ceux qui ont été dépossédés au delà de leur part

(1) Kabylie.

contributive ont été désintéressés par l'attribution des indemnités auxquelles ils avaient droit.

Suivant une convention du 4 janvier 1873, le douar s'engage à ne réclamer aucune indemnité pour toutes ouvertures ou rectifications de routes et chemins, établissement de conduites d'eau, emplacements de bivouacs, maisons cantonnières, etc.

En outre, l'Etat conserve la propriété de toutes les clairières enclavées dans les forêts comprises dans les limites de la tribu.

Le séquestre nominatif a frappé 40 propriétaires qui possédaient une étendue de terrain de 145 h. 13 a. 61 c. évalués à 26,881 fr. Ces immeubles ont été vendus depuis par l'Etat à des particuliers, ou rachetés par leurs anciens propriétaires.

. . . .
. . . .

Les mœurs et les habitudes sociales de ces populations sont les mêmes que celles des autres Kabyles.

Les Beni-Khalfoun ont eu fréquemment des contestations et des querelles avec leurs voisins, même avec les Guechtoula et les Flissa, qui furent souvent leurs alliés.

Aujourd'hui, les conflits avec les tribus voisines ont pris fin; mais les Beni-Khalfoun ont conservé leur caractère turbulent et rapace. Les crimes contre les personnes et les biens ne sont pas rares chez eux. Une fraction surtout, celle de Matoussa, est renommée pour ses instincts de vol et de pillage.

La grande étendue de forêts qui couvre le pays permet aux bandits de se dissimuler facilement dans les bois et d'y cacher le produit de leurs vols.

Les indigènes ne considèrent pas comme infamante une condamnation pour meurtre ou pour vol, surtout contre un Européen.

A l'aide d'une quête faite dans la famille et même dans tout le douar, un prévenu s'assure le concours d'un avocat pour le défendre. S'il est condamné, à son retour, quand il a purgé sa peine, une fête est célébrée en son honneur, et ce criminel, loin d'être devenu un objet de mépris, fait, au contraire, l'admiration des indigènes; ils le considèrent comme une victime de notre oppression.

Religion. — Les Kabyles ont abandonné leurs vagues croyances religieuses pour adopter, d'une façon plus ou moins volontaire, mais définitive, la religion de Mohammed et, aujourd'hui, sans être de bien fervents adeptes de l'islamisme, ils sont cependant fanatiques et superstitieux. Ils pratiquent leur religion tout en commettant de nombreux vols et crimes qui leur ont valu une si triste réputation.

Au dire des indigènes, il n'y a plus de Khouans dans la tribu et les Beni-Khalfoun appartiennent à l'école malékite. En outre, les bigames sont rares chez eux; on en compte 30 ou 40 environ.

. . . .
. . . .

Un grand nombre d'indigènes vont au dehors faire des moissons; quelques-uns sont faucheurs et beaucoup servent de khammès aux cultivateurs européens des alentours de la tribu.

Ils cultivent les terrains des colons ou des riches propriétaires indigènes dans trois conditions : à la moitié, au tiers et au cinquième.

8*

La *Sçarmia*, ou dette de khammès, varie de 6 à 20 douros. Cette dette provient de prêts que le propriétaire fait au khammès pour lui permettre de vivre en attendant la récolte. L'année suivante, lorsqu'un khammès veut changer de maître, il doit rembourser sa sçarmia (dette), et c'est très souvent le nouveau propriétaire qu'il a choisi qui fait cette avance. Cette coutume est générale dans la province d'Alger.

. . . .
. . . .

Depuis l'établissement d'un prétoire judiciaire français à Palestro, ils portent leurs différends devant le juge de paix.

Les transactions se font devant le cadi et très rarement devant le greffier-notaire.

Ils conservent précieusement leurs terres et ne les vendent pas; mais, en revanche, les rahnias sont très fréquentes chez eux.

En dehors des rahnias, les Beni-Khalfoun ne contractent pas souvent de dettes; ils empruntent rarement et les usuriers n'ont pas encore pénétré chez eux.

. . . .
. . . .

Colonisation européenne, ses résultats. — La tribu des Beni-Khalfoun a subi plusieurs prélèvements territoriaux qui ont servi à la création des centres de Palestro, de Chabet El Ahmer, de Thiers, et des fermes de Hazama.

Palestro. — Ce village, créé par décret du 18 novembre 1869, a été, par décret du 25 février 1879, érigé en commune de plein exercice avec les fermes de Bou Hammoud, Senhadja, Ammals, Mosboha et Hazama.

Une superficie de 1608 h. 50,00 (territoire de Palestro, y compris la parcelle C de 84 h. 25.50) plus 206,43,30 (fermes de Hazama), soit 1814 h. 93 30, a été prélevée sur le douar des Beni-Khalfoun.

Chabet-el-Ahmer. — Une superficie de 1,832 h. 93, 45 prélevée sur la tribu des Beni-Khalfoun, provenant des terrains domaniaux ou séquestrés, a été remise au service de la colonisation le 31 mai 1876.

Thiers. — Une superficie de 62 h. 72, 30 a été distraite du territoire de la tribu pour contribuer à la formation de ce village dont la création remonte à 1876.

Ces villages sont actuellement dans de bonnes conditions de prospérité. Beaucoup de colons, il est vrai, ont disparu après avoir vendu leur concession à quelques riches propriétaires qui en détiennent chacun un assez grand nombre; mais les terres sont bien travaillées et la culture de la vigne prend une assez grande extension. Cette culture aura pour effet de contribuer à la prospérité du pays.

Il est à croire que, séduits par les ressources nombreuses qu'offre ce pays, les fermiers actuels ou d'autres Européens parviendront à se rendre acquéreurs de ces terres; qu'ils finiront par s'y implanter d'une façon définitive et remplaceront ainsi avantageusement les colons disparus.

. . . .

Jusqu'à présent, les indigènes ont été réfractaires

à la vente de leurs immeubles aux Européens ; mais il est à prévoir que prochainement cette situation changera et que la constitution de la propriété aura pour effet de favoriser les transactions entre indigènes et Européens.

En dehors des colons installés par l'Etat sur les territoires de colonisation, aucun Européen n'est propriétaire ou n'habite même dans la tribu, à part toutefois le garde forestier et le concessionnaire du 1er lot de la forêt.

. . . .

La tribu des Beni-Khalfoun occupait autrefois une superficie de 11,472 hect. En déduisant 3,710 h. 60 a. qui ont été prélevés pour la colonisation et environ 2,220 hect. de forêts domaniales, il ne reste plus aujourd'hui que 5,542 hect. détenus par les indigènes à titre de propriétés privées ou communales.

. . . .

Les terrains des Beni-Khalfoun sont possédés à titre de propriété privée et généralement individuelle. Cependant quelques-uns possèdent leurs biens dans l'indivision.

La transmission des biens s'effectue par voie d'héritage et de donation plutôt qu'à titre onéreux.

Les Beni-Khalfoun ont abandonné les Kanouns kabyles pour suivre le droit musulman.

Rarement on rencontre des propriétés dont la possession soit établie par titres ; quand il s'en présente, ces pièces ont été dressées par un marabout, le secrétaire d'une Djemaa ou le cadi.

En général, le droit à la propriété du sol est constaté par la longue possession et la notoriété publique.

Après la constitution du domaine forestier de l'Etat dans la tribu et à la suite des prélèvements effectués au profit de la colonisation en suite d'expropriation ou d'application du séquestre, il n'est resté aux habitants que des parcelles de bois de faible étendue disséminées sur leur territoire. C'est ce qui les a obligés à défricher sur bien des points les parties boisées qui jusqu'alors avaient servi au pâturage.

La Djemaa et les intéressés sont d'accord pour déclarer que la propriété revêt le caractère privé, à l'exception de quelques groupes, tels que les cimetières, qui ont une affectation communale bien caractérisée.

Déjà, en 1869-1870, les mêmes constatations avaient été faites par la commission chargée d'appliquer le sénatus-consulte dans la tribu.

III

EXTRAIT du rapport d'ensemble sur la délimitation de la tribu des Flisset-el-Bahr (1).

. . . .
. . . .
. . . .

En 1871, ils prirent une part très active à l'insurrection et se mêlèrent aux contingents kabyles qui assiégeaient Tizi-Ouzou ; mais lorsque la colonne commandée par le général Lallemand eut débloqué cette ville, ainsi que les places de Fort-National et de Dellys, ils durent faire leur soumission comme toutes les autres tribus. On imposa aux Flisset-el-Bahr une contribution de guerre de 154,674 fr. 50, et un arrêté du gouverneur général, en date du 24 juin 1872, confirmé le 22 décembre 1874, frappa tout leur territoire de séquestre collectif; mais, par une convention passée avec leur Djemaa le 19 novembre 1872, ils furent admis à se racheter des effets de cette mesure moyennant le versement d'une somme de 72,200 fr., représentant le cinquième de leurs biens.

(1) Kabylie.

. . . .

. . . .

De ce côté et sur d'autres points, la commission du sénatus-consulte de 1869 avait adopté comme limite des lignes fictives uniquement déterminées par des bornes dont on avait dû dès lors multiplier le nombre. Malgré cette précaution, ces parties de la limite étaient restées assez incertaines pour donner lieu entre les deux tribus voisines à de fréquentes contestations. J'en ai eu un exemple dès le début de mes opérations.

Ainsi, les Flisset-el-Bahr prétendaient que leur territoire s'étendait jusqu'à l'Oued M'léta, c'est-à-dire jusqu'au périmètre du village d'Azeffoun, ce qui enlevait ainsi aux Beni-Djennad-el-Bahr toute la partie qu'ils occupent sur le bord de la mer.

Par contre, ces derniers soutenaient que les Flisset ne dépassaient pas l'Oued Kerbach, situé bien en deçà de la limite fictive adoptée par l'ancienne commission.

Pour justifier leurs prétentions, les Flisset excipaient d'un acte de vente qui avait été consenti au docteur Rozière par des gens d'Aït Rhouna, un de leurs villages, et portant sur des terrains situés à proximité de l'Oued M'léta.

A cet argument, les Beni-Djennad répondaient que les terrains en question, couverts de broussailles et chênes-lièges, avaient toujours été considérés comme des communaux leur appartenant et que la vente des gens d'Aït Rchouna était nulle.

Après une assez longue discussion, j'ai réussi à mettre les deux parties d'accord, et je les ai amenées à accepter comme limite intermédiaire le Terga Temmenaït dans toute sa longueur.

. . . .
. . . .
. . . .

Caractère de la propriété dans la tribu.

La propriété est essentiellement melk dans la tribu qui nous occupe, et c'est à ce titre que les habitants la détiennent depuis un temps immémorial. Les terres se transmettent par voie d'héritage, par donation, par achat et par échange ; suivant la coutume kabyle, les femmes sont exclues des successions.

La vente à réméré (rahnia) tient une large place dans les transactions ; cette vente est rarement constatée par des titres réguliers, tandis que la vente ordinaire, sauf quelques exceptions, s'appuie toujours sur un acte authentique.

Pour la culture de la terre, de petites associations se forment annuellement, le plus souvent entre parents ou habitants du même village, mais quelquefois aussi entre gens de villages différents. Dans tous les cas, la propriété individuelle est parfaitement déterminée (1).

Il y aura donc lieu d'appliquer à cette tribu la procédure relative à la constitution de la propriété pri-

(1) Ne pas oublier que celui qui parle est chargé d'appliquer, dans toute la rigueur de la lettre, la loi de 1873.

vée dans les conditions prévues au chapitre I du titre 2 de la loi du 26 juillet 1873.

Droits d'usage.

La tribu n'a pas d'autres droits d'usage que ceux qu'elle a toujours exercés sur les massifs boisés qui sont sur son territoire.

. . . .
. . . . . Les droits d'usage des indigènes consistent, comme à l'ordinaire, dans le droit de glandée, celui de prendre tous les bois qui leur sont nécessaires pour le chauffage, la construction de leurs maisons, de leurs instruments aratoires, de leurs ruches, etc., et enfin dans le droit de pacage pour leurs troupeaux.

Il importe d'autant plus que ces droits soient respectés dans leur intégralité, surtout en ce qui concerne le pacage des troupeaux, que les indigènes n'ont presque pas de terrains de parcours.

IV

EXTRAIT du rapport d'ensemble sur les opérations de délimitation de la tribu des Tacheta (1).

. . . .
. . . .
. . . .

Le pays est très montagneux, coupé de nombreux ravins et couvert de broussailles ; aussi ne compte-t-on que 5,000 hect. à peine de terres labourables.

La culture des céréales et l'élevage du menu bétail constituent à peu près l'unique occupation de la population. On rencontre pourtant quelques bouquets d'arbres, auprès de nombreuses sources qui jaillissent du sol, qu'on est convenu d'appeler des « jardins ». Là croissent des figuiers, des grenadiers, des caroubiers, des azeroliers, des vignes grimpantes, des cognassiers, des caroubiers, des oliviers et quelques amandiers ; mais très peu de ces arbres ont été greffés.

L'agriculture a pris de l'extension, dans ces der-

(1) Commune mixte des Braz, arrondissement de Miliana. Moyenne du Tell.

niers temps, et la tribu ne possède pas moins de 375 ruches à miel, généralement soignées par les femmes, qui s'occupent aussi à élever de la volaille. Les chapons de Tacheta sont recherchés.

Eloignés de tout centre de population, les habitants de Tacheta sont rarement en contact avec les Européens. Ils ne fréquentent guère que le marché des Attafs et celui des Zougarra, situé sur la rive droite de l'Oued Chelloul, au point d'intersection de plusieurs tribus, mais exclusivement fréquenté par des indigènes et loin de toute habitation européenne ; aussi le commerce et l'industrie, à part la vente et l'échange des produits dont nous venons de parler, sont-ils complètement nuls.

. . . .
. . . .

La propriété est de caractère melk dans toute l'étendue de la tribu des Tacheta, ainsi que dans toute l'étendue de la commune mixte des Braz et dans les autres douars et tribus limitrophes.

Ii n'existe aucun terrain collectif de culture ni de parcours ; toutefois les propriétaires des lieux servant à l'inhumation des indigènes de chaque fraction, nous ont manifesté leurs intentions de les abandonner en faveur de la Djemaa de la tribu, représentant la collectivité.

Dans ce cas et aussitôt que l'acte authentique de donation aura été établi, ces cimetières pourront être classés dans le domaine communal.

Le domaine public sera composé des nombreuses sources et fontaines, des rivières, ravins, chemins, qu'on trouve dans la tribu.

Le domaine de l'Etat comprendra les forêts dites Tacheta et de Bou Cheirit : la première d'une superficie de 1.164 hect. et la seconde de 900 ; soit en tout une superficie de 2.064 hect., mais sans terrain de labour.

La propriété se transmet par voie d'échange, de vente et d'héritage. La loi sur les successions musulmanes est observée aux Tacheta. Les femmes reçoivent généralement la part à laquelle cette loi leur donne droit ; mais elles abandonnent volontiers leur part d'immeubles au chef de famille qui, en retour, leur fournit soit de l'argent ou des bijoux, soit des objets mobiliers, des grains, des vivres, etc..., ce qui constitue un véritable contrat d'échange.

De sorte que les femmes étant rarement propriétaires du sol, les mariages et les divorces n'entraînent que peu de mutations dans la propriété.

Les mutations les plus fréquentes ont pour origine les rahnias, qui sont de véritables plaies, pratiquées comme elles le sont dans la tribu des Tacheta et les autres pays avoisinants.

Il est d'usage que le prêteur jouisse de la nue propriété du terrain mis en gage, jusqu'à entier remboursement de la somme prêtée.

Mais le terme où le prix de la rahnia doit être remboursé n'est généralement pas prévu dans la convention verbale ou écrite. De sorte que la mise en gage se transforme très fréquemment en vente réelle, le prêteur profitant toujours de ce que son débiteur est dans la gêne pour réclamer la restitution de son argent.

Survient alors un arrangement ; le créancier donne une nouvelle somme d'argent, ou du grain, du bétail, etc..., et le débiteur fait un acte d'abandon de tous ses droits sur la propriété gagée.

En cas de décès, les héritiers vivent dans l'indivision, ce qui est cause que, si la matière imposable n'échappe pas au répartiteur des contributions directes, chargé d'établir l'assiette de l'impôt, de nombreuses non-valeurs se produisent sur le zekkat, les troupeaux étant revendiqués, suivant le cas, par l'un ou l'autre des héritiers, qui vivent parfois dans des gourbis séparés.

Cette indivision ne cesse souvent pas même en cas de mariage d'un des héritiers.

V

EXTRAIT du rapport d'ensemble sur les opérations de délimitation de la tribu des Aziz (1).

. . . .
. . . .
. . . .

La tribu des Aziz peut se diviser, approximativement, en :

Terres de labour. .	15,000 hectares environ.
Terres de parcours.	35,000 hectares.
Forêt.	745 hectares.
Broussailles. . . .	4,650 hectares.
Domaine public. .	105 hectares.
Total. .	55,500 hectares.

Sur ces 55.500 hectares, environ 15,000 sont melk et 40,500 sont arch.

La seule partie de la tribu des Aziz qui se prêterait à la création d'un centre de colonisation est celle du Bled Derrag, avoisinant le centre projeté du même nom, dépendant de la commune mixte de Teniet-

(1) Population à demi-nomade. Région intermédiaire Tell et Sahara.

el-Haad; mais il semble que, dans la crainte d'une création de ce genre, les indigènes se soient donné le mot; car ils ont fait faire beaucoup de constructions en maçonnerie, dans ces dernières années.

Caractère de la propriété dans la tribu.

La propriété affecte deux caractères bien tranchées : l'un pour la partie comprise dans le Tell, l'autre pour la partie comprise dans le Sahara. — Dans la première partie, les propriétaires ont la libre disposition de leurs propriétés ; ils peuvent les vendre à leur gré, ou faire des échanges. De plus, sur le terrain, les limites des propriétés sont bien marquées par des ados très apparents, quelquefois par de petits murs en pierres sèches, entourant principalement les jardins et les vergers, placés non loin des sources. Dans cette partie, la terre est melk. Dans la deuxième partie, nulle trace de limites n'existe sur le terrain. La terre appartient à celui qui le premier l'a mise en culture et qui continue de la vivifier. Elle se transmet de père en fils ou, à défaut de descendants mâles, à des héritiers collatéraux, à condition de continuer à vivifier la terre. Les femmes ne sont pas appelées à hériter ; mais elles ont droit à l'entretien et à la nourriture, sous la tente du chef de famille. Dans cette partie, la terre est arch.

VI

EXTRAIT du rapport d'ensemble sur les opérations de délimitation de la tribu des Rahman-Ghéraba (1).

. . . .
. . . .
. . . .

[Diverses espèces de Rhaman : Rhaman-Larbaa, Rahman-Nouïrat, Rahman de Ksar-el-Hiran, Rhaman-el-Fedoul de Biskra, Rahman-Cheraga, Rahman-Ghéraba.]

Comme toutes les peuplades du Sahara, les Larbaa étaient essentiellement pasteurs et quelques-uns d'entre eux seulement se livraient à la culture des céréales. Cette situation les rendait tributaires du Tell et ils devaient, chaque année, aller s'approvisionner de grains sur les marchés de cette région dont les Oulad Moktar leur ouvraient les portes moyennant une redevance annuelle de soixante chameaux. Ce mouvement de migration s'effectuait régulièrement tous les ans, et

---

(1) Région intermédiaire, Tell, Hauts-Plateaux et Sahara.

encore de nos jours, les Larbaa viennent, tous les printemps, s'établir au nord des Hauts-Plateaux, où ils peuvent à la fois faire pacager leurs troupeaux et se livrer à leurs transactions habituelles.

. . . .

. . . .

Tous les Rahman établis dans le cercle de Boghar, et notamment les Nouïrat, ont conservé des relations avec les Rahman des Larbaa ; ils se rendent souvent visite et, dans ces dernières années, quelques Nouïrat ont épousé des femmes prises chez les Rahman de Ksar-el-Hiran. Le mouvement périodique accompli par les Larbaa contribue à maintenir ces relations qui, depuis fort longtemps, ont complètement cessé avec les Rahman-el-Fedoul de Biskra.

En s'établissant dans la région sud de Boghar, les Rahman se heurtèrent aux tribus qui habitaient déjà ce territoire. Dépourvus de terres de culture, ils en obtinrent à loyer des M'fatah, des Douairs et des Oulad Mareuf. Ils défrichaient, pour leur compte, le Maader Naama, qui constitue aujourd'hui leur principal terrain de labour ; d'autres s'établirent dans le Bled Sbitia, aujourd'hui Bled M' Silin. L'installation des Rahman n'avait pu s'opérer qu'en produisant des refoulements qui suscitèrent de sanglantes querelles.

Ils se retrouvèrent aux prises avec les Zenakra, leurs anciens adversaires, qu'ils avaient chassés du sud. En 1774, une lutte armée s'engagea entre les deux tribus, au sujet de la possession du Bled Sbitia ; le beylik Turc dut intervenir, et il trancha le différend en séquestrant la terre litigieuse, qui fut classée sous la dénomination de Bled-el-Baroud. De nombreux conflits éclatèrent aussi avec les Oulad Naïls, et actuellement encore les Rahman qui habitent des tentes noires appellent un peu dédaigneusement leurs voisins du sud « les gens à tentes rouges ».

. . . .
. . . .

Au moment de l'arrivée des Français en Algérie, les Rahman avaient une existence politique presque indépendante ; ils possédaient quelques terres de culture sur les confins du Tell et, en dehors de la période des labours et des moissons, ils s'enfonçaient avec leurs troupeaux dans les vastes steppes des Hauts-Plateaux, qui leur fournissaient des pâturages variés et inépuisables ; à côté des grandes plaines d'alfa où ils pouvaient nourrir leurs troupeaux, ils trouvaient des dépressions marécageuses qui leur fournissaient les plantes salines, dont les chameaux sont si friands. Ces conditions favorables avaient permis à leurs fractions de se développer rapidement ; leur population était évaluée à 10,000 âmes et la tribu pouvait mettre sur pied 3,000 fantassins et 500 cavaliers ; c'était la tribu à la fois la plus forte et la plus riche de toute la province, et on est en droit de s'étonner qu'elle n'ait pas joué un rôle plus considérable dans l'histoire de la conquête.

. . . .
. . . .

En 1849, ils figurèrent, pour la première fois, sur les statistiques du cercle de Boghar ; mais une partie d'entre eux s'étaient dispersés : les uns s'étaient établis dans la Mitidja, d'autres à Messaad, dans la tribu des Ksours (cercle de Djelfa). Ces éléments épars formèrent une fraction séparée sous le nom de Rahman Djial, jusqu'en 1853. L'autorité avait senti les graves inconvénients d'avoir, sous la direction d'un seul caïd, une énorme tribu comme celle des Rahman qui comptait mille tentes au moins et dont la fortune était évaluée à :

    96,729 moutons,
    30,030 chèvres,
    4,264 bœufs,
    7,509 chameaux.

Afin d'en faciliter l'administration et d'en rendre le commandement plus maniable, elle fut divisée, en 1853, en deux tribus, qui prirent le nom de Rahman-Ghéraba et de Rahman-Cheraga.

. . . .
. . . .

Pendant la période de 1853 à 1864, les Rahman-Ghéraba vécurent dans la plus grande tranquillité ; ils s'initiaient lentement à nos procédés administratifs, leurs migrations se ralentissaient et, pour la première fois, ils commençaient à défricher les vastes parcours qu'ils possédaient et qu'ils n'avaient utilisés jusque-là que pour le pacage.

Leurs labours avaient pris rapidement une grande extension ; ils s'étaient attachés au sol, et les travaux agricoles avaient contribué, dans une large mesure, à augmenter leur fortune. Ils étaient dans la situation la plus florissante, quand éclata l'insurrection des Oulad-Sidi-Cheikh.

. . . .
. . . .
. . . .

Les Rahman-Ghéraba sont essentiellement nomades ; mais la superficie très étendue de la tribu leur permet de se livrer à leurs déplacements sans quitter leur territoire. Ils vivent exclusivement sous la tente, disséminés par petits groupes de trois ou quatre ; on trouve bien rarement chez eux, ainsi qu'on le voit chez les Zenakra, des nezlas renfermant jusqu'à quinze et vingt tentes ; cet éparpillement de la population ne permet pas d'indiquer d'une façon précise le cours de leurs pérégrinations ; les déplacements s'effectuent isolément, sans qu'aucune entente intervienne entre les membres de la tribu, ni même de la fraction. Néanmoins on peut établir en règle générale que les Rahman-Ghéraba habitent au printemps et en hiver dans la zone saharienne comprise entre Aïn Oussera et les montagnes du Djébel Sahari qui forment la limite sud de leur territoire. Ils trouvent, dans cette zone, pendant ces deux saisons, les pâturages nécessaires à leurs troupeaux, ainsi que le bois de chauffage. En été et en automne, les herbages se dessèchent, les redirs tarissent, la plaine devient inhabitable ; les Rahman regagnent alors les confins du Tell, où se trouvent d'ailleurs la plupart de leurs terres de labour. Pendant les années de sécheresse, ils s'établissent parfois chez les Oulad-Naïls, sur les bords du Zahrès Chergui. Lorsque la récolte a été mauvaise, ils vont individuellement s'employer, comme khammès, dans les tribus du Tell, plus favorisées.

Les labours ont une durée moyenne de deux mois ; ils sont subordonnés à l'abondance des pluies. En dehors de ces travaux et de la moisson, qui occupe aussi les Rahman environ deux mois, y compris le temps employé au dépiquage et à l'ensilotage des grains, ces indigènes vivent dans l'oisiveté la plus complète ; la garde des troupeaux est généralement confiée aux enfants ; le chef de famille n'a d'autre occupation que de surveiller ses champs et ses bergers ; ses journées se passent à la chasse ou, de préférence, chez ses voisins, avec lesquels il se livre à d'interminables causeries ; toutes les semaines, le jour du marché vient lui procurer une occasion de se distraire.

Les Rahman-Ghéraba fréquentent le marché d'Aïn Oussera qui se tient tous les mercredis ; c'est là qu'ils viennent faire régler leurs contestations devant le cadi, faire leurs provisions de sucre, café et cotonnade, vendre leurs grains et leurs laines. Ils sont très assidus au marché, il leur en coûte d'y manquer, et ceux même qui n'y ont rien à faire, y viennent pour voir leurs amis et échanger les nouvelles.

. . . .
. . . .
. . . .

Les Rahman-Ghéraba appartiennent à l'ordre religieux des Rahmania et ils rendent visite au Mokaddem de cet ordre, Si Mohammed ben Belkacem, établi à El-Hamel, dans la tribu des Cheurfat-el-Hamel de Bou-Saada.

Leurs sentiments religieux sont difficiles à apprécier exactement ; extérieurement, ils en manifestent fort peu, et il est rare de les voir se livrer à la prière en commun, ainsi que la pratiquent les Rahman-Cheraga ; un très petit nombre d'entre eux ont fait le pèlerinage de la Mecque. Mais, malgré ces apparences, le Mokaddem des Rahmania, établi à El-Hamel, a sur eux une autorité considérable ; beaucoup de tentes et toutes les familles riches et influentes lui rendent visite chaque année et lui apportent la ziara. Elles sont entièrement à sa dévotion ; son nom est invoqué dans un grand nombre de circonstances de la vie courante et beaucoup de contestations se règlent par son arbitrage. Si l'on considère qu'en 1864, la tribu entière s'est soulevée en recevant les émissaires d'un marabout inconnu, on est forcé d'admettre que cette population, en apparence apathique, a conservé intact son fanatisme religieux et qu'il pourrait encore se manifester à la voix d'un ambitieux.

. . . .
. . . .
. . . .

L'industrie chez les Rahman se borne uniquement à la fabrication de flidjs (bandes en poils de chameau et en laine avec lesquelles se fabriquent les tentes) nécessaires à leurs besoins. Cette fabrication ne donne lieu à aucun trafic. Des chantiers d'alfa ont été insallés à Bellevue et à Bou Cedraïa ; quelques indigènes seulement consentent à y travailler dans les moments de besoin. D'une manière générale, les Rahman-Ghéraba sont riches, la vente des laines et l'excédent de leurs troupeaux leur permet d'acheter les articles de consommation courante qu'ils ne peuvent se procurer directement ; le surplus est employé à l'achat d'armes, d'objets d'équipement et de chevaux. Presque tous les chefs de tentes possèdent un cheval et, de préférence, une jument. La crise qui a sévi, en 1888, sur la population du Hodna a amené un grand nombre d'indigènes de cette contrée à se défaire de leurs chevaux ; les Rahman en ont acheté un assez grand nombre.

Le territoire des Rahman est très vaste, mais il renferme peu de terrains de culture ; c'est à peine si les indigènes peuvent y moissonner les grains nécessaires à leur consommation ; ils sèment le plus souvent autant d'orge que de blé ; l'effectif de la population chevaline explique cette proportion. Il reste peu de défrichements à opérer, et on peut déjà prévoir l'époque où la culture des céréales sera insuffisante à assurer la nourriture de la population existante, dont l'effectif va en s'accroissant chaque année. On ne peut donc pas compter sur les terres de la tribu des Rahman-Ghéraba pour favoriser le développement de la colonisation ; les récoltes sont trop aléatoires, le rendement trop faible pour que l'agriculture française puisse, avec ses procédés coûteux, se substituer utilement dans cette région à la main-d'œuvre indigène.

Le pâturage seul peut offrir quelques ressources. Dans ces vastes steppes, les troupeaux trouvent leur nourriture pendant six mois de l'année ; la tribu possède des parcours qui excèdent ses besoins, et elle consentirait probablement à en aliéner une partie ; les demandes d'achat formées par les tribus des autres cercles n'ont jamais soulevé de sa part aucune objection. Les propriétaires français des régions du Tell pourraient louer ou acheter des droits d'usage sur les terres en excédent et y envoyer leurs troupeaux dans la saison favorable. N'ayant plus à nourrir sur leurs terres que pendant la moitié de l'année, ils pourraient doubler leurs têtes de bétail et ils trouveraient, dans cette méthode, une augmentation notable de leurs revenus.

Nous avons signalé, en passant, l'établissement de deux chantiers d'alfa sur le territoire des Rahman-Ghéraba ; si cette industrie n'a pas pris un plus grand développement, cela tient à deux causes :

1° L'imprévoyance des indigènes qui les empêche de travailler lorsqu'ils ne sont pas en face d'un besoin pressant ;

2° La difficulté des moyens de transport qui rend impossible la concurrence avec les alfas tunisiens dont la zone s'étend jusqu'à 15 kilom. du port de Sfax.

. . . .

. . . .

. . . .

Les débuts de la délimitation avec les Oulad Sidi Aïssa Souagui faisaient prévoir de grosses difficultés. Les Rahman-Ghéraba labouraient, sur le territoire détenu administrativement par cette première tribu, plusieurs dépressions fertiles qui portent les noms d'Oued-el-Ksea et Oued-el-Guernini ; le fait n'était pas contesté par les Oulad Sidi Aïssa Souagui, mais ils revendiquaient néanmoins tous les terrains compris en deçà de la limite administrative tracée autrefois par les autorités locales ; ils faisaient observer qu'ils avaient prêté ces terres aux Rahman-Ghéraba, mais qu'ils ne leur en avaient jamais abandonné la propriété.

Si l'on s'en était tenu aux prescriptions du code musulman, en vigueur dans la contrée, qui édictent que « la jouissance de la terre appartient à celui qui la vivifie », on aurait été amené à appliquer aux Oulad Sidi Aïssa Souagui les prescriptions de l'article 48 de l'instruction gouvernementale du 1ᵉʳ février 1888, et à distraire du territoire de leur tribu pour la faire entrer dans celui des Rahman-Ghéraba la totalité des terrains cultivés par ces derniers, dont les droits de propriété reposaient sur une possession effective, non fondée sur la violence, paisible et continue.

Mais on pouvait objecter que les Rahman-Ghéraba n'avaient jamais eu la *possession* du sol, qu'ils n'en avaient eu que la jouissance subordonnée au consentement des propriétaires, impuissants à le faire valoir eux-mêmes.

L'abandon dans lequel les Oulad Sidi Aïssa Souagui ont laissé leurs terres, s'explique. Ces indigènes, d'origine maraboutique, ne s'adonnent aux travaux agricoles que dans la mesure stricte de leurs besoins. Or, ils possèdent au sud de Zerguin une vaste étendue de terres de labour, facilement irrigables ; il est donc bien naturel qu'ils aient délaissé les terres de Guernini et du Ksea qui ne sont arrosées que par les eaux de pluie et dont les récoltes sont, par suite, bien aléatoires.

Devait-on envisager les Rahman-Ghéraba comme de simples usufruitiers que l'on pouvait déposséder sans tenir compte des conditions spéciales de leur occupation, du caractère paisible et continu qu'elle affectait ?

D'autre part, pouvait-on enlever aux Oulad Sidi Aïssa Souagui une zone de terrain dont le fonds leur appartenait incontestablement (autant que le fonds d'une terre arch peut appartenir à une tribu), qu'ils avaient abandonnée, il est vrai, mais dont ils pouvaient, plus tard, tirer parti ?

La question était délicate, et tous les efforts du commissaire délimitateur ont tendu à l'écarter, en présentant successivement aux Djemaas une proposition qui tranchait le conflit en attribuant à chacune des tribus environ la moitié de la zone contestée.

. . . .

. . . .

. . . .

On peut remarquer que les Rahman Cheraga possèdent un terrain enclavé entre les cultures des Rahman-Ghéraba, tandis que la partie principale de leurs labours est à l'est de cette tribu. De plus, les Rahman-Ghéraba cultivent toute la dépression désignée sous le nom d'Oued-el-Habil, dépression qui s'étend depuis la limite des Zenakra Maoucha, à l'ouest, jusqu'à celle des Titteri, à l'est.

Les deux Djemaas ont rivalisé de bonne volonté et ont déclaré s'en remettre entièrement à la décision de l'autorité supérieure, sous cette réserve qu'aucun échange de terrain ne leur serait imposé.

Les indigènes sont fatalement attachés aux propriétés qu'ils ont reçues de leurs ancêtres, et quoique le fait puisse paraître anormal, on peut affirmer qu'un indigène ne consentira jamais à échanger une terre reçue dans ces conditions, contre un autre terrain, même plus vaste et plus fertile. Il y a là un sentiment qu'il convenait de respecter ; en allant à l'encontre, on aurait soulevé des protestations unanimes.

Il a donc fallu renoncer aux échanges préconisés par les instructions et chercher un autre procédé qui sauvegardât également les intérêts des deux communautés.

Bien que le caractère de la propriété, dans cette région, ne s'affirme pas d'une façon bien évidente, elle paraît devoir être cependant classée comme melk, et nous avons exposé dans le chapitre IV de ce rapport quelles sont les raisons qui militent en faveur de cette classification. Il y a cependant un certain doute que la commission administrative pourra seule éclaircir.

La loi permet à un indigène de posséder à titre melk, hors du territoire de sa tribu; mais en raison du doute que nous venons d'exprimer, en raison aussi de l'importance des enclaves possédées par les Rahman-Ghéraha chez les Rahman-Cheraga et inversement, il n'était pas possible de laisser ces enclaves, même avec la classification melk, en dehors du périmètre de la tribu des détenteurs, sinon on aurait abouti à cette fâcheuse conséquence: créer un douar commun dont la moitié des terrains de culture aurait été dans une tribu voisine. Nous devions donc rejeter la latitude laissée par la loi, et il ne nous restait, dès lors, plus que deux moyens de résoudre la difficulté.

1° Faire suivre à la limite des Rahman-Ghéraba la limite sud des terrains de culture qu'ils possèdent dans l'Oued-el-Habil; les joindre à la tribu des Titteri; suivre la limite nord des mêmes cultures; remonter vers le nord pour rejoindre la grosse enclave limitée à l'est et à l'ouest par les Rahman-Cheraga, au nord par les Oulad Mareuf et les M'Fatah; se relier ensuite au chemin de Doufana, suivre la ligne de séparation des cultures jusqu'à l'extrémité nord-ouest du terrain d'El-Habil, et fermer la limite par une ligne suivant le nord des cultures d'El-Habil;

2° Faire passer dans la tribu des Rahman-Cheraga es indigènes des Rahman-Ghéraba qui labourent dans l'Oued-el-Habil, de façon à faire disparaître cette enclave et à ne laisser chez les Rahman-Cheraga que la grosse enclave située au sud des M'Fatah et des Oulad Mareuf.

La première solution présentait deux inconvénients; elle augmentait la superficie si considérable des Rahman-Ghéraba, au préjudice des Rahman-Cheraga dont le territoire est beaucoup plus restreint; elle créait chez les Rahman-Ghéraba deux enclaves comprenant presque la totalité des labours des Rahman-Cheraga.

Une trentaine de tentes labourent dans l'Oued-el-Habil, et vingt-six d'entre elles appartiennent à la fraction des Nouïrat, qui a un effectif beaucoup plus élevé que les autres fractions de la même tribu ; il n'y a donc aucun inconvénient à réduire l'importance de cette fraction en prononçant le changement de tribu de ces vingt-six indigènes. Interrogés individuellement, ils ont tous déclaré accepter ce changement, auquel les deux Djemaas se sont ralliées à l'unanimité (1).

Cette solution fait disparaître l'enclave que les Rahman-Cheraga auraient eue chez les Rahman-Ghéraba; elle ne porte aucun préjudice aux indigènes de cette tribu, puisque leur mutation s'accomplit sous réserve de tous leurs droits et qu'ils conservent les terres de labour qu'ils possèdent.

. . . .
. . . .
. . . .

----

(1) Cela ne prouve rien contre notre thèse, que l'unité sociale est le douar. Notez, en effet, qu'il s'agit ici de deux tribus de même origine, ou mieux encore, de deux fractions de la même tribu.

Caractère de la propriété dans la tribu.

Le caractère à assigner à la propriété dans la tribu des Rahman-Ghéraba est une des questions les plus complexes qu'ait soulevées l'application du sénatus-consulte dans cette tribu.

. . . .

. . . .

. . . .

La propriété y est toujours indivise entre les membres de la famille ; la collectivité des efforts a pour corollaire la collectivité de la propriété, non pas dans le sens de ce mot étendu à la tribu, mais dans son sens restreint à la famille. Nous ne pouvons nous baser sur les travaux de nos devanciers, puisque nous n'avons plus à donner aux terrains les mêmes classements.

Une deuxième raison nous empêcherait, du reste, de profiter de leurs travaux.

C'est la première fois, à notre connaissance, que le sénatus-consulte est appliqué dans la région des Hauts-Plateaux, où la propriété présente des caractères si différents de ceux que l'on rencontre dans le Tell. La tribu des Zenakra Maoucha a bien une partie de ses terrains hors Tell; aussi le dossier établi par la commission du sénatus-consulte qui a opéré dans cette tribu, en 1868, porte les traces des hésitations qui se sont produites, pour le classement à affecter aux terrains. La commission, dans un rapport très complet, faisait ressortir la difficulté d'appliquer aux terrains de cette zone le caractère melk ou arch dans le sens donné à ces expressions par les instructions gouvernementales; elle disait avec juste raison qu'il n'existe dans le sud de la province d'Alger, que deux sortes de propriété: la terre en friche, dite arch, qui constitue le fonds commun de la tribu, sa propriété collective; les indigènes englobent sous la dénomination générale de melk tous les autres terrains sur lesquels l'action privée s'est affirmée par le défrichement, la construction de barrages, en un mot par la vivification du sol.

La commission appelait sur ce point l'attention de l'autorité supérieure.

Les principes exposés plus haut découlent de la législation musulmane et du Koran, qui en est la base primordiale; tous les commentateurs ont admis cette théorie; Sidi Khelil, dont les ouvrages ont force de loi auprès de nos magistrats musulmans, du rite malekite, dit à ce sujet : « La terre morte appartient au premier occupant; néanmoins, si les traces de la première occupation sont effacées depuis longtemps, elle appartient à celui qui la fait revivre. » La terre ainsi vivifiée était melkisée entre les mains du propriétaire.

Cette législation était admirablement appropriée à l'existence nomade; il n'aurait pas été logique, en effet, de perpétuer la propriété entre les mains de populations flottantes; mais, depuis que les indigènes sont fixés au sol, son application soulèverait les plus funestes conséquences; il faut que la propriété soit consolidée afin de pouvoir se plier aux exigences de la loi française dont le sénatus-consulte a pour but de préparer l'application.

Il n'en est pas moins vrai que, jusqu'à ce jour, les

terres détenues dans le Sud ont été régies suivant la législation musulmane dans des conditions qui ne rappellent en rien celles suivant lesquelles auraient été détenues les terres avant notre occupation, d'après l'exposé des motifs de la loi du 28 avril 1887. Ce qui est vrai pour la région tellienne (que l'exposé des motifs précités semble avoir tout particulièrement visée) cesse de l'être dans les Hauts-Plateaux et même en Kabylie, puisque dans cette dernière contrée la transmission des terres, au lieu d'être régie par le droit islamique, était soumise aux traditions locales.

Pour apprécier exactement la situation dans les Hauts-Plateaux, il convient donc d'écarter complètement les principes suivant lesquels on doit, d'après les instructions, déterminer le caractère des propriétés. Il faut se pénétrer de cette idée, qu'en pays islamique il n'y a pas de règle absolue, que les usages y ont le pas sur les dogmes, et que c'est d'après ces usages que les questions doivent être tranchées, et non pas d'après des théories qui varient avec les contrées et n'ont jamais été appliquées dans les Hauts-Plateaux.

A notre arrivée dans le pays, il était admis traditionnellement que tous les terrains vivifiés constituaient des melks, qu'ils fussent ou non soumis aux partages successoraux, qu'ils fussent inaliénables ou qu'ils pussent être livrés dans le commerce.

Pour arriver à déterminer le caractère de la propriété chez les Rhaman-Ghéraba, il est nécessaire de remonter aux débuts de la prise de possession et de voir comment les terres ont été consolidées entre les mains des détenteurs.

Pour cette étude, nous éviterons d'employer les termes de melk et de arch, dont le sens mal défini peut donner lieu à équivoque en raison de la double acception donnée à ces mots par les indigènes et par les précédents administratifs. Pris dans le sens qui lui est donné par les indigènes, le mot « melk » serait applicable à tous les terrains vivifiés.

Les indigènes des Rahman qui se détachèrent des Larbaa s'établirent, sous la protection des Oulad Mokhtar, au nord du territoire qu'ils occupent actuellement; des refoulements se produisirent, quelques luttes s'engagèrent, mais force resta aux Rhaman, et ils purent se maintenir sur le territoire qu'ils avaient convoité. Ils partagèrent entre les fractions qui avaient participé à la conquête, tout le terrain qui s'étend depuis l'Oued Bouguezizel jusqu'aux Zenakra Maoucha, Oulad Mokhtar Ghéraba, M'fatah et Ouled Mareuf et porte le nom de Maâder; chaque famille reçut son lot; tous les ans, la tribu se réunissait pour labourer. Cette réunion do la tribu n'avait nullement pour but de procéder à de nouveaux partages; elle était commandée par un intérêt majeur, celui de la défense. Si les indigènes s'étaient présentés isolément, ils se seraient exposés aux représailles de leurs coreligionnaires dépossédés, d'où nécessité d'un travail en commun effectué par les membres de chaque famille sur le lot qui lui était échu au moment du partage. Seuls, les premiers occupants reçurent leur part, et, depuis cette époque, leurs descendants ont continué à jouir de ces terrains *sans que la Djemaa soit intervenue pour en distraire une parcelle au profit d'un nouveau membre peu fortuné et sans que la terre retournée en jachère ait cessé d'appartenir aux descendants du propriétaire auquel elle était échue en partage.*

Tous les terrains situés dans cette zone sont parfaitement délimités ; d'une origine ancienne, ils sont rarement l'objet de contestations; dans tous les cas, les différends sont portés devant le cadi, qui juge d'après les témoignages recueillis. Les femmes sont exclues du partage ; il est cependant admis que les indigènes peuvent louer ces terrains, et, dans ce cas, il est de coutume que la moitié de la récolte leur appartienne.

S'il n'existe pas d'actes de propriété, cela tient à deux causes : la terre est indivise entre les membres de la famille et ne peut être aliénée que par cette collectivité ; l'opposition d'un seul membre suffirait pour empêcher la vente. Il n'est donc pas extraordinaire qu'on ne trouve aucun *acte de vente*, surtout lorsqu'on sait quelle répugnance éprouvent les indigènes à vendre leur sol ; ils y sont si fermement attachés que lorsque les circonstances les obligent à s'en défaire, la vente n'est jamais définitive et demeure subordonnée au remboursement de la somme reçue. Ils considèrent leurs terres comme un bien patrimonial reçu de leurs ancêtres et qu'ils auront à transmettre intact à leur postérité.

A côté de ce motif, d'ordre supérieur, vient se ranger la pression exercée par l'autorité française. La plus grande incertitude a régné jusqu'ici sur le caractère de la propriété; dans le doute, et pour empêcher des transactions qui auraient pu léser des ayants droit, les terres détenues par les Rahman-Ghéraba ont été envisagées par l'autorité locale comme des terres arch rendues ainsi inaliénables et placées par ce fait en dehors de la juridiction de droit commun. Malgré ces prescriptions, il est arrivé cependant que des magistrats musulmans, ignorant les vues de l'autorité, ont de bonne foi, envisagé ces terrains comme melk. Le dépouillement des registres de la Mahakma d'Aïn Oussera nous a permis de retrouver trace de quarante-huit actes émanant de leur ministère et relatifs à des questions de propriété, savoir :

MATIÈRE des ACTES	ANNÉES													Totaux
	»	1857	1868	1871	1872	1874	1875	1876	1877	1881	1882	1884	1885	1886	
Témoignage.	»	5	1	4	»	12	12	2	1	1	1	1	1	»	41
Jugement.	»	»	»	»	»	»	»	»	2	»	»	»	»	»	2
Vente.	»	»	»	»	»	»	1	»	»	»	»	»	»	1	2
Procuration pour plaider au nom d'une Djemaa de fraction.	»	»	»	»	»	»	2	»	»	»	»	»	»	»	2
Partage.	»	»	»	»	1	»	»	»	»	»	»	»	»	»	1
Totaux.	»	5	1	4	1	12	15	2	3	1	1	1	1	1	48

Au moment de l'occupation française, la terre du Maâder formait le principal terrain de labour des Rahman ; la propriété y est basée sur le droit de conquête ; elle remonte à environ deux cents ans, elle est parfaitement délimitée entre chaque famille et, à nos yeux, la constitution de la propriété y serait une opération superflue ; la propriété est déjà constituée, elle présente tous les caractères de la propriété privée, non pas individuelle, mais indivise entre les membres de la famille.

L'accroissement de la population, résultant de l'extension des premières familles, a entraîné des partages ; le lot de chaque famille s'est trouvé amoindri, et il est arrivé que les terrains du Maâder sont devenus insuffisants pour pourvoir, en céréales, aux besoins de la tribu.

Nous assistons alors à un nouveau mode de constitution de la propriété.

Avant l'occupation française, presque tous les labours étaient concentrés sur le même point, au Maâder ; le défaut de sécurité, les luttes continuelles entre les tribus ne permettaient pas, en effet, de disséminer les cultures. La tribu se rendait tout entière sur le point où devaient s'effectuer les labours et, par son nombre imposant, elle tenait à l'écart ses adversaires. Mais, depuis que les vieilles haines se sont assoupies, depuis que les vastes steppes des Hauts-Plateaux sont parcourus en toute sécurité par des individus isolés ; depuis que l'action de l'autorité a mis fin aux luttes et aux brigandages, le mouvement agricole s'est développé, les indigènes se sont étendus vers le sud, ils ont construit des barrages dans les vallées, défriché les dépressions et mis en exploitation toute la zone arable. Dans cette deuxième partie de la constitution de la propriété, il n'y a pas trace de partages, l'initiative individuelle s'est donné libre carrière, chacun a choisi un terrain à sa convenance, les cultures sont éparses dans les bas-fonds, les limites sont vagues et indéterminées, les labours éventuels.

La terre, quoique détenue à titre privatif, n'a jamais été soumise à aucun partage ; elle a été distraite par prélèvement sur la masse des terres appartenant à la collectivité de la tribu, les Djemaas n'ont jamais été appelées à ratifier ces empiètements, et l'autorité s'est toujours réservé le droit de statuer sur les contestations qui pouvaient surgir dans cette zone.

Ainsi qu'il résulte de cette étude, la propriété chez les Rahman-Ghéraba affecte dans le sud, aussi bien qu'au nord, le caractère de propriété privée ; mais dans le groupe du Maâder, la propriété privée a été constituée au moment du partage, chaque fraction a son lot parfaitement délimité ; il n'y a plus à y constituer la propriété, elle existe.

En conséquence, après avoir consulté les Djemaas et les populations intéressées, nous demandons que le groupe de cultures du Maâder soit classé comme groupe occupé, à titre de propriété privée, devant être soumis ultérieurement aux opérations de *constatation*.

Tous les autres terrains, dans lesquels la propriété n'a jamais été constituée au profit des individualités qui la détiennent, nous paraissent devoir être soumis aux opérations de *constitution* de la propriété individuelle, et, par suite, classés dans la catégorie des groupes occupés par les indigènes à titre de propriété collective.

Nous ne nous dissimulons pas que les différences que nous avons relevées entre la jouissance des terres du Maâder et celles du Sud sont peu sensibles. La Djemaa ne s'immisce nulle part dans les questions de propriété, l'indivision entre les membres de la famille et les règles de transmission sont identiques, et sauf la date plus ou moins récente de l'occupation et le mode d'appropriation du sol, on peut dire que les droits des propriétaires sont égaux.

Nous savons parfaitement que la troisième partie des opérations du sénatus-consulte consacrera les droits des uns et des autres, et que nos travaux actuels ont surtout pour but de déterminer quelle est l'autorité qui sera compétente pour statuer sur les contestations qui pourront surgir jusqu'à ce que la constitution de la propriété individuelle soit un fait accompli.

L'autorité administrative a actuellement toute latitude pour se prononcer à cet égard; c'est à elle qu'il appartient de décider, en dernier ressort, si la terre détenue par chaque famille, à titre indivis, doit être envisagée comme terre de propriété privée ou comme terre de propriété collective. La masse des terres de labour détenues dans le Sud appartient à cette catégorie ; la solution qui sera donnée aura donc une portée considérable et, à notre avis, sauf de rares exceptions, telles que celle qui se présente au Maâder, il serait avantageux de classer dans la catégorie des terres de propriété collective, toutes les terres de labour détenues collectivement par les familles.

Droits d'usage. — La tribu des Rahman-Ghéraba ne renferme ni forêt, ni lac salé ; les indigènes de cette tribu, depuis leur arrivée dans le pays, se sont pourvus du bois nécessaire à la construction de leurs instruments aratoires dans les tribus des Sahari Oulad Brahim et Sidi Aïssa El Adhab.

Les indigènes de la tribu extraient du sel:

1° A la Daïat Malah, dans la tribu des Zenakra Maoucha, dite douar Bougzoul ; cette tribu a été soumise, en 1868, aux opérations du sénatus-consulte, et les droits d'usage des Rahman-Ghéraba ont été constatés par le procès-verbal de délimitation et de bornage. Après avoir donné comme limite avec les Rahman-Ghéraba, la Daïat Malah, le procès-verbal ajoute : « Par suite de cette délimitation, la Daïat Malah se trouve comprise en entier dans le territoire des Zenakra Maoucha ; mais il est bien entendu que les droits usagers des riverains sont réservés. »

2° Au Zahrès Chergui et au Zahrès Gharbi, dans le territoire des Oulad Naïls, du cercle de Djelfa. Ces deux lacs n'ont pas encore été classés officiellement dans le territoire de telle ou telle tribu, et c'est pour ce motif que nous ne précisons pas davantage leur emplacement.

3° Au Rocher de sel, dans la tribu des Oulad Ghouini.

. . . .
. . . .

Les Rahman reçoivent en estivage, à des intervalles assez espacés, les tribus de la confédération des Larbaa. Mais, nous ne saurions trop le répéter, il n'existe en faveur de ces derniers aucun droit absolu, et de tout temps ils n'ont pénétré sur le territoire des Rahman qu'après y avoir été autorisés par la Djemaa.

Tout en maintenant cette formalité, nous pensons sauvegarder suffisamment les droits des nomades en frappant tous les terrains de parcours situés dans la limite précitée, d'un droit d'usage qui pourra s'exercer sur le simple consentement de la Djemaa et sans qu'aucune aliénation ou opposition d'un particulier puisse être un obstacle à l'exercice de ce droit.

VII

EXTRAIT du rapport d'ensemble sur les opérations de délimitation de a tribu des Oulad Allan (1).

. . . .

Population. — La population des Oulad Allan subit un temps d'arrêt : en 1869, elle comptait 5,927 âmes ; ce chiffre s'est élevé à 6,581 en 1881 ; au recensement quinquennal de 1886, l'effectif n'était plus que de

2,065 hommes
2,160 femmes
1,535 enfants
―――――――
Soit un total de 5,760 âmes,

nombre inférieur à celui constaté il y a vingt ans.

Cette tribu peut mettre sur pied 350 cavaliers et 1,500 fantassins.

Les Oulad Allan sont sédentaires, ils possèdent tous des gourbis ou des maisons dans lesquels ils passent l'hiver et la saison des labours.

(1) *Semi-Nomades.* Hauts-Plateaux et Sahara.

Au printemps, ils vont camper avec leurs troupeaux dans les pâturages du sud de leur tribu.

Ils possèdent, dans le Sud, deux vastes terres de parcours : à l'est, le Bled Besbessi ; à l'ouest, le Bled Mesrane.

Mœurs et habitudes. — Les Oulad Allan sont plutôt agriculteurs que pasteurs. Mais dans un pays où les travaux agricoles ne demandent pas plus de trois mois de travail, et où la moitié des habitants ne possède pas de troupeaux, la population est fatalement livrée à l'oisiveté.

Peut-être faut-il attribuer à cette cause l'effrayante criminalité observée dans cette tribu. Elle fournit à elle seule les deux tiers des délinquants, des voleurs et des criminels du Cercle traduits en justice.

Lorsqu'on parcourt le sol tourmenté de la tribu, on est surpris de rencontrer aussi peu de personnes, même auprès des mechtas les plus nombreuses. On ne voit guère que des femmes et des enfants ; les hommes valides sont dans la montagne, où ils passent leurs journées accroupis derrière les rochers, toujours à l'affût, combinant plus souvent un mauvais coup que guettant le gibier.

Malheur à l'étranger qui, à la tombée de la nuit, s'aventurerait dans ces parages sans armes et sans escorte. Il serait impitoyablement dévalisé.

Aussi la réputation des Oulad Allan est-elle établie au loin. L'expression « voleur comme un Oulad Allan » est devenue proverbiale.

Les commissions disciplinaires et les conseils de guerre ont beau sévir, les Oulad Allan ne désarment pas. Ils ont sans doute hérité par atavisme des vices de leurs ancêtres.

Dans l'histoire des Sanhadja et des Riah, qui à tour de rôle ont occupé ce pays, Ben-Khaldoun fait de leurs mœurs un tableau qui peut s'appliquer aux Oulad Allan de nos jours.

A toutes les époques, les appréciations sur leur compte restent les mêmes. Sous les Turcs, ils dévalisent le bey de passage sur leur territoire. En 1842, ils sont signalés par leur turbulence et leurs démêlés incessants ; en 1855, on est obligé d'envoyer un officier au milieu d'eux pour les surveiller. En 1870, la commission administrative du sénatus-consulte déplore que cette excellente mesure ait été abandonnée.

Depuis, ils n'ont pas changé: chicaniers, processifs, voleurs incorrigibles, s'attaquant soit à leurs voisins, soit à leurs chefs, d'une insigne mauvaise foi, il leur faut tous les jours une nouvelle intrigue. Leur activité se consume à mal faire; on ne peut les approcher ou les interroger sans qu'ils tremblent pour leurs méfaits antérieurs, mais sans perdre pour cela l'occasion d'en commettre de nouveaux.

Les Oulad Allan sont affiliés en général à l'ordre des Rahmania et offrent la ziara au cheikh Mohammed ben Belkacem, dont la zaouïa est établie à El-Hamel, cercle de Bou Saâda.

Lorsque des contestations se produisent, ils défèrent assez fréquemment le serment à leurs adversaires. Ils vont alors jurer soit chez le marabout d'El-Hamel, soit au tombeau de Sid-el-Mahdi, dont la koubba se trouve au nord des Oulad Allan, sur le territoire des Rebaïa.

Suivant la tradition, ce personnage aurait puni sévèrement un indigène qui s'était parjuré sur son tombeau. Il avait juré être étranger au vol d'une chèvre qu'en réalité il avait prise et mangée. A peine avait-il terminé son faux serment que du fond de ses entrailles un cri s'élevait : c'était la chèvre qui protestait de toutes ses forces contre cette assertion.

Cette légende, profondément ancrée dans l'esprit des indigènes, n'est pas faite pour rassurer les Oulad Allan ; aussi n'est-il pas rare qu'on arrive à leur faire restituer le produit de leurs larcins en les conduisant au tombeau de Sid-El Mahdi.

Bien que leurs croyances populaires soient fortement enracinées, les Oulad Allan ont su rejeter du Koran toutes les maximes gênantes pour les malfaiteurs, et ils restent confinés dans des pratiques extérieures où l'esprit religieux n'a aucune place.

Encore est-il à remarquer que le nombre des fidèles qui récitent publiquement leurs prières est fort réduit. A peine en trouverait-on cent dans toute la tribu.

Les Oulad Allan vont tous les vendredis au marché qui se tient dans leur tribu : en été au nord d'Aïn-Boucif, en hiver à El-Abiod, dans le sud de la tribu.

Ce marché est très fréquenté par toutes les tribus environnantes, il est un des plus importants de la région.

Inutile d'ajouter que les Oulad Allan se font un devoir d'y assister ; sauf les malades, personne n'y manque.

C'est là que les voleurs s'abouchent, et que les volés cherchent un béchar complaisant qui les mette, moyennant finance, sur la piste des voleurs.

Nous signalions récemment, dans une affaire de police judiciaire, une évolution remarquable qui se produisait dans les mœurs indigènes. Les voleurs se faisaient autrefois une sorte de point d'honneur de restituer les objets volés lorsqu'ils avaient reçu des propriétaires le montant de la rançon fixée. Le voleur qui restait inconnu envoyait son complice ou un de ses amis s'aboucher avec sa victime pour lui indiquer le montant de la rançon. La somme reçue, toujours sans témoins, l'intermédiaire la remettait au voleur, qui restituait les objets volés.

Si un voleur manquait à ce devoir, il était dénoncé par son mandataire, et si la mauvaise foi venait de ce dernier, la victime l'entraînait devant un marabout, où il était mis en demeure de restituer ou de se parjurer.

Le parjure, pour des gens qui ont une confiance absolue dans la légende de Sid-el-Mahdi, n'est pas chose simple; aussi préféraient-ils payer.

Aujourd'hui, les plaignants se présentent à un officier de police judiciaire lorsqu'ils ont été victimes d'un vol suivi d'escroquerie de la rançon; mais comme ils ont toujours payé la rançon sans témoins, il ne peut être donné suite à leur plainte, et les voleurs restent indemnes.

Les Oulad Allan n'ont pas manqué de saisir les avantages de notre procédure et ils se sont fait une règle de ne jamais restituer le produit de leurs vols, sans dédaigner le moins du monde pour cela d'extorquer la rançon.

Aussi les propriétaires qui ont été victimes une première fois de ces procédés se gardent-ils bien à présent de remettre la rançon, s'il n'y a pas de témoins.

. . . .
. . . .

Pendant l'été, les indigènes établissent des jardins potagers dans lesquels ils cultivent des pastèques, leur fruit de prédilection, et diverses espèces de légumes ; les cultures de maïs et de bechna prennent un notable développement ; leur rendement actuel permet d'apprécier ce que l'on obtiendrait si ces jardins étaient placés dans des mains françaises.

La zone saharienne est moins riche et on doit s'y borner à la culture des céréales.

A la fin de mai et dans les premiers jours de juin, la moisson est mûre. Elle n'a pas à souffrir de la sécheresse.

Le Bled Mesrane constitue le parcours le plus important de la tribu ; il est situé au sud-ouest ; c'est une vallée à pente insensible s'étendant sur une longueur de dix kilomètres et une largeur de cinq. Elle est entièrement susceptible de culture. En raison de sa faible pente, l'eau y séjourne assez longtemps ; cette terre est donc humide, et elle pourrait donner des rendements presque analogues à ceux du Tell. Jusqu'ici les indigènes n'en ont tiré parti que pour le pacage des troupeaux.

Cependant des velléités d'exploitation se manifestent. Plusieurs indigènes nous ont demandé s'ils pouvaient s'approprier une partie de ce terrain ; d'autres nous ont demandé de le partager entre les fractions.

On sent que les indigènes ont conscience de la valeur de ce vaste domaine, et que l'impossibilité de s'entendre est la seule raison qui les ait empêchés jusqu'à ce jour de l'exploiter.

. . . .
. . . .
. . . .

Il est difficile de trouver un territoire qui convienne mieux à la colonisation. Les résultats dépendront uniquement de la façon dont on procédera pour faire pénétrer dans cette tribu l'élément colonisateur.

Nous devons faire connaître dans ce rapport les résultats à attendre du contact de la colonisation provoqué par la constitution de la propriété individuelle.

La question ainsi posée nous oblige à une réponse négative. La constitution de la propriété individuelle ne suffira pas à amener le contact des deux éléments indigène et européen.

L'expérience du passé est suffisamment probante. Tout le nord de la tribu, c'est-à-dire les trois quarts de sa superficie, la partie la plus riche et la plus fertile, a le caractère melk. Les terres font l'objet de transactions journalières entre les indigènes; les locations et les ventes y sont absolument facultatives, et cependant pas un seul Européen n'est venu habiter cette tribu, pas un n'y a acheté de terre, pas un n'a consenti à y vivre.

La constitution de la propriété individuelle ne peut rien changer, elle ne changera rien à cela.

Nous avons recherché les causes qui ont ainsi écarté nos vaillants colons d'un pays exceptionnellement riche.

Deux conditions essentielles, primordiales, les ont retenus : le défaut de sécurité, la difficulté des communications.

Le centre de la tribu est à 57 kilomètres du chef-lieu du Cercle. La surveillance n'en est pas moins active pour cela, mais le colon qui viendrait s'établir avec sa famille ne manquerait pas de considérer avec mélancolie combien est loin l'autorité qui doit le protéger dans sa personne et dans ses biens ; il se sentirait dans un isolement absolu, à la merci du premier venu. Fondés ou non, tels seraient ses sentiments, telle serait sa pensée.

L'énorme distance qui sépare la tribu du chef-lieu du Cercle est un encouragement pour les malfaiteurs. Quoique l'expérience leur ait appris que la répression n'en est ni moins sûre, ni moins rigoureuse, cet éloignement de l'autorité arriverait toujours à vaincre leurs scrupules, s'ils en avaient.

Alors que les indigènes se dévalisent mutuellement, qu'il ne se passe guère de semaine, nous pourrions presque dire de jour, sans que l'un d'eux soit victime de ses coreligionnaires, peut-on admettre qu'un Européen serait plus épargné ?

Qu'on interroge là-dessus tous les Européens : collecteurs de marchés, fonctionnaires, officiers qui ont séjourné dans cette tribu, tous affirmeront qu'un Européen isolé chez les Oulad Allan n'y serait pas en sûreté.

Supposons ce dernier obstacle écarté, resterait la difficulté des communications.

Aïn-Boucif, point central de la tribu, est à environ 57 kilomètres de Boghar, 48 de Berrouaghia, 70 d'Aumale, autant de Sidi-Aissa, et ce sont là les points les plus rapprochés, pour ne pas parler de Boghari, qui est à 52 kilomètres.

Il n'y a pas une seule route carrossable allant d'Aïn-Boucif sur différents points. Dès lors, tous les ravitaillements, les importations et les exportations devraient se faire à dos de mulet, les chameaux ne pouvant être utilisés en raison des orages fréquents. Ce moyen de transport, des plus onéreux, enlèverait au malheureux agriculteur la plus grande partie de son bénéfice. Après une existence rude, pénible, loin de tout centre habité, de tout médecin, de tout secours, il arriverait à végéter péniblement.

Tant que ces deux causes subsisteront, notre conviction, fortifiée par un séjour prolongé dans cette tribu, est que la colonisation n'y fera pas un pas.

Il pourra arriver que des ventes soient consenties à des Européens, et il est certain que dès maintenant le capitaliste qui voudrait acheter des terres en trouverait autant qu'il le désirerait.

A notre avis, ce serait déplorable. Avec leur nature insouciante, d'une prévoyance stupide, les indigènes auraient bientôt dissipé le produit des ventes consenties, et ils passeraient ainsi, au grand détriment de l'avenir de la colonie, du rang de propriétaire à celui de tenancier. En créant le prolétariat, on engendrerait le paupérisme.

Le seul contact entre les deux races aurait lieu dans les cabinets des gens d'affaires ou sous le péristyle des tribunaux.

Quant au contact régénérateur qui devrait s'accomplir en plein air, dans une lutte pacifique, où chacun chercherait à surpasser ses voisins par l'application de méthodes de culture plus rationnelles, ce contact où les indigènes, frappés par les résultats acquis, abandonneraient leurs procédés routiniers et s'approprieraient les nôtres, il faut désespérer de le voir se produire tant que les deux causes que nous avons énumérées n'auront pas disparu.

. . . .
. . . .

Placés dans l'alternative d'échanger leur terrain ou d'être rattachés aux Oulad Allan, les Oulad Mokhtar de Mouïadat Cheraga ont adopté cette dernière solution.

En conséquence, nous avons recherché quels étaient les indigènes de cette dernière tribu qui labouraient les terres de propriété collective de Gaaza et nous en avons dressé la liste.

Mais une nouvelle difficulté s'est présentée.

La plupart de ces indigènes possèdent dans leur propre tribu des cultures situées en territoire de propriété collective dont ils ne seront pas fondés à revendiquer la propriété lorsqu'il sera procédé à la deuxième partie des opérations du sénatus-consulte.

Après avoir éclairé les intéressés sur les conséquences de la loi, après leur avoir indiqué les moyens préconisés par les instructions pour le règlement de ces difficultés, nous les avons invités à nous faire connaître la solution qu'ils préféraient.

Quelques indigènes dont la majeure partie des terres se trouvait chez les Oulad Allan ont demandé à passer dans cette tribu.

Ceux qui ne possédaient chez les Oulad Allan que des terres d'une faible valeur, qu'ils ne labouraient qu'éventuellement, ont préféré y renoncer et en faire l'abandon.

Enfin, quelques autres, qui possédaient dans les deux tribus des labours importants, ont scindé leur famille, dont une partie restera dans la tribu, pendant que l'autre partie ira s'installer chez les Oulad Allan.

Nous joignons, en marge de ce chapitre, la liste nominative des Oulad Mokhtar et Mouïadat Cheraga qui possédaient des cultures chez les Oulad Allan, en indiquant pour chacun d'eux la solution adoptée (1).

(I) Cette liste serait ici sans intérêt.

Il résulte de l'examen de ce tableau, que sur vingt-sept indigènes qui possédaient des labours chez les Oulad Allan, quatre en ont fait abandon, trois ont demandé à être rattachés à cette tribu, et vingt familles ont préféré se disjoindre plutôt que de renoncer à leurs terres.

Tous les engagements ont été pris sans pression et le changement de tribu a été aisé à obtenir.

La question à régler devait porter uniquement sur le choix à faire par les indigènes de l'abandon de leur terrain ou de leur changement de tribu.

Le système des échanges est d'une application difficile, il heurte violemment les préjugés indigènes et, à maintes reprises, les membres de la Djemaa nous ont affirmé qu'ils nourrissaient pour leurs terres les mêmes sentiments que pour leurs femmes.

Cette maxime, d'une forme un peu crue, se vérifie journellement dans la pratique.

S'il y est obligé, l'indigène abandonne son terrain ou change de tribu pour ne pas le perdre, mais il ne l'échange jamais. Chaque année, la période des labours ramène chez les Oulad Allan des rixes sanglantes qui appuient l'énergique précepte que nous venons de rappeler.

. . . .
. . . .
. . . .

Dans leur réclamation, les membres de la Djemaa des Oulad Allan prétendaient que leur président, le caïd El Haouès ben ben Yahia, avait induit en erreur le commissaire délimitateur et le géomètre en leur désignant comme le Magder Gharbi (la Mare de l'Ouest) une mare qui porte en réalité le nom de Magder Loustani (la Mare du Milieu) et qui se trouve à 1,200 mètres à l'est du véritable Magder Gharbi, qui devait former la limite. Ils ajoutaient qu'ils n'avaient pas osé démentir leur caïd, parce qu'ils avaient peur de lui ; mais qu'en voyant effectuer le bornage et en comprenant que leur silence allait leur coûter la perte d'une assez vaste superficie de terre labourable, ils s'étaient décidés à soumettre leur réclamation, convaincus qu'une application régulière de l'ancien plan permettrait de constater que leur plainte était fondée.

. . . .
. . . .
. . . .

Après entente avec le commissaire délimitateur de la tribu des Titteri, nous nous sommes transportés le 12 octobre sur le terrain litigieux, assistés des deux géomètres et des deux Djemaas intéressées.

Ainsi qu'ils l'avaient fait lors de nos premières opérations, les Titteri et les Oulad Allan ont été d'accord pour déclarer qu'ils s'en rapportaient pour la délimitation de cette partie du périmètre de leur tribu, au plan établi en 1870.

Les Oulad Allan ont déclaré, à l'unanimité, que le Magder indiqué par le caïd El Haouès ben ben Yahia portait le nom de Magder Loustani, et que le Magder Gharbi se trouvait plus à l'ouest.

De leur côté, les Titteri ont indiqué le Magder Loustani comme devant former la limite, s'en référant d'ailleurs aux indications du plan.

Les deux géomètres opérant de concert ont rétabli une partie de l'ancienne triangulation des Titteri, et ont ainsi acquis la preuve que les indications fournies par le caïd El Haouès ben ben Yahia, avec l'assentiment tacite des membres de la Djemaa, étaient erronées, et que le Magder désigné en second lieu par la Djemaa des Oulad Allan devait former la limite. Ce Magder étant à 1,200 mètres de celui qui avait été désigné, la superficie de la parcelle englobée est de 250 hectares environ.

. . . .

. . . .

. . . .

Partage de la tribu en douars. — Les indigènes, consultés à cet égard, nous ont témoigné la plus grande indifférence pour ce partage ; il leur suffit d'être réunis à des Oulad Allan et de ne pas se séparer des familles dont ils portent encore le nom. Il n'en a pas été de même chez les membres de la Djemaa constituée uniquement par les caïds et une partie des cheiks de fraction.

Tous ces chefs et agents indigènes sont partisans du *statu quo;* après nous être enquis des motifs de leur opposition, nous avons acquis la conviction qu'elle reposait uniquement sur des considérations d'ordre personnel. Dans le partage en douars, ils ne voient qu'une question de personnes ; tous redoutent que le nouveau caïd appelé à les commander ne fasse preuve de partialité à l'égard des nouveaux venus et ne réserve ses faveurs aux fractions précédemment soumises à son commandement.

Nous avons invité les membres de la Djemaa à nous faire connaître par écrit les raisons qu'ils peuvent apporter à l'encontre du remaniement administratif que nous proposons. Nous joignons à ce dossier la lettre qu'ils nous ont remise et dans laquelle ils insistent particulièrement sur l'inimitié qui existerait entre les Oulad Allan Zekri et les Oulad Allan Beschiech.

Après une enquête approfondie, nous pouvons affirmer qu'aucune rivalité n'existe entre eux, et que les sentiments des indigènes des Oulad Allan sont les mêmes à l'égard de tous les membres de la confédération, sans aucune distinction de groupe. Les Oulad Allan Zekri choisissent indistinctement leurs femmes parmi les tentes de leur tribu ou parmi celles des Oulad Allan Beschiech. Les raisons invoquées n'ont donc à nos yeux aucune valeur, elles sont en opposition absolue avec les faits et avec l'opinion exprimée par la masse de la tribu.

Actuellement, les Oulad Allan vivent par groupes généralement composés de l'une des fractions dédoublées. Ces groupes, aux Oulad Allan Zekri et aux Oulad Allan Beschiech, sont complètement enchevêtrés ; il est impossible de les réunir en douars en donnant à chacun d'eux les éléments qui entrent dans la composition actuelle des deux tribus.

. . . .
. . . .
. . . .

Nous proposons de les diviser en deux douars seulement. Il y a intérêt à constituer des douars aussi riches que possible : la multiplication des douars entraîne la multiplication des frais d'administration. Or, l'expérience acquise depuis la conquête démontre qu'un seul chef indigène assisté d'un cavalier a toujours suffi pour assurer le service et l'exécution des ordres de l'autorité dans chacun des deux groupes qui constituent les Oulad Allan. Il est à remarquer que les fractions qui composent chaque tribu étant dispersées sur l'ensemble du territoire, la division en douars qui sera faite en groupant dans le même douar les fractions contiguës, aura pour conséquence de réduire de moitié la zone d'action des chefs indigènes et de leur faciliter dans les mêmes proportions l'exercice de leur commandement.

. . . .
. . . .
. . . .

En créant des fractions trop faibles, on diminue l'autorité des chefs de fraction ; leur situation leur crée des besoins auxquels ils ne peuvent satisfaire qu'en faisant peser sur leurs administrés des charges d'autant plus lourdes qu'ils sont moins nombreux à les supporter.

. . . .
. . . .
. . . .

Dans la zone tellienne, la terre affecte notoirement le caractère melk. Elle est soumise aux mêmes transactions que les propriétés mobilières ; elle fait l'objet d'actes de vente et surtout de rahnia.

Nous avons déjà eu l'occasion de signaler dans un précédent rapport la rareté des ventes définitives ; nous disions que l'indigène répugnait à l'abandon absolu de son terrain et qu'il se ménageait le plus souvent la faculté de le racheter par le remboursement de la somme reçue.

Ici encore cette observation se vérifie : les ventes par antichrèse sont à peu près les seules dont on trouve trace dans les registres de la Mahakma.

Les partages s'effectuent par les soins du cadi, suivant les règles de succession du droit musulman.

L'indivision est restreinte à la famille, en donnant à cette expression son sens le plus étroit, c'est-à-dire en ramenant la famille au feu ou à la tente, pour employer la désignation usitée parmi les indigènes.

Que le chef de tente vienne à disparaître, la terre est partagée entre tous ses enfants, sans distinction de sexe, à moins qu'ils ne résident tous dans la même tente et ne vivent en commun. Les biens sont alors laissés dans l'indivision et gérés par le fils aîné avec l'assentiment de tous les co-propriétaires.

La propriété a une origine très reculée et repose généralement sur des actes de partage et d'achat. Les contestations sont rares et les différends soumis aux règles du droit commun.

Tous les terrains situés dans la zone tellienne doivent donc être classés comme terres de propriété privée.

Dans la zone de transition qui s'étend des confins du Tell à la limite des steppes, nous n'avons pas reconnu les caractères qui ont guidé la commission administrative du sénatus-consulte qui demandait en 1870 le classement de ces terrains dans la catégorie des terres collectives de culture.

La commission déclarait que les indigènes n'ont dans cette zone aucune installation fixe, qu'aux époques des labours ils s'y transportaient en masse et cultivaient en communauté, puis revenaient dans le Tell, qu'ils ne quittaient qu'à l'époque des récoltes.

Elle ajoutait : « Indivision, absence de transactions écrites ou verbales, en un mot melkisation incomplète du sol, telles sont les circonstances qui n'ont pas échappé à l'attention des intéressés. »

Et, par ces motifs, elle concluait au classement

de ces terrains comme terres collectives de culture.

Si les mêmes caractères signalés avaient encore existé, nous aurions été amené à demander aussi le classement de ces terrains dans la catégorie des terres de propriété collective.

Mais l'enquête faite sur place nous a démontré que les conditions de la possession ont, depuis 1870, subi de graves modifications sur lesquelles il est nécessaire de s'étendre un peu longuement pour faire la lumière.

Avant l'occupation française, les Ouled Allan vivaient confinés dans le Tell ; la zone qui s'étendait au delà était utilisée presque uniquement pour le pacage des troupeaux. Seules, quelques rares familles indigènes, jouissant d'une grande autorité, imposant le respect à leurs adversaires, s'étaient enhardies jusqu'à mettre en exploitation une faible partie des richesses arables possédées dans le sud de la tribu.

Ces terrains étaient jouis par elle au même titre que les terres du Tell; ils étaient soumis aux mêmes transactions et aux mêmes règles successorales.

A partir de l'année 1845, la sécurité relative qui régnait dans la colonie naissante permit au gros de la tribu de suivre l'exemple déjà donné par quelques propriétaires.

Craintifs au début, ils se rendirent, réunis par fractions, sur les terrains à leur convenance et procédèrent à un partage entre familles.

En 1870, l'agriculture avait eu à supporter de lourdes vicissitudes : plusieurs années consécutives de sécheresse, la disette, la famine avaient restreint son essor, et c'est à peine si les indigènes pouvaient exploiter leurs beaux domaines du Tell. Les premiers défrichements effectués dans le Sud étaient abandonnés, et ce n'était pas le moment de s'engager dans des transactions.

Depuis, vingt années se sont écoulées, apportant aux indigènes un bien-être inconnu jusqu'à ce jour.

Tous les ans, les superficies exploitées se sont accrues, les terres du Sud, un moment délaissées, ont été de nouveau défoncées par la charrue. La possession éventuelle a fait place à la jouissance permanente ; les agrandissements quotidiens ont mis les voisins en présence, des limites ont été établies, des discussions se sont engagées, qui ont été tranchées soit par l'autorité administrative, soit par l'autorité judiciaire.

Nous arrivons ici au point important de ce rapport. La commission administrative qui a procédé à l'établissement du sénatus-consulte chez les Oued-Allan avait reconnu le caractère collectif aux terres situées en dehors de la zone tellienne. Bien qu'il n'ait pas été sanctionné, ce travail a une valeur indiscutable, et l'autorité administrative a toujours pris pour règle d'en appliquer les conclusions.

Les litiges soulevés en territoire collectif étaient examinés par ses soins et tranchés d'après les usages du pays, après avis de la Djemaa consultée. Les terrains ne faisaient l'objet d'aucune transaction et conservaient leur caractère de propriété collective.

Mais, à côté de cette juridiction régulière, légale, l'autorité judiciaire venait à son tour s'immiscer, substituant ses arrêts aux décisions prises par les représentants du pouvoir administratif.

Cette action, peu sensible il y a quelques années,

s'est peu à peu étendue et, à l'heure actuelle, la grande majorité des terres du sud de la tribu se trouvent détenues en vertu de jugements de cadis, de justices de paix ou de tribunaux. Ces jugements, rendus à l'insu de l'autorité locale, sur des renseignements souvent erronés, par des magistrats qui croyaient de bonne foi statuer en matière de propriété privée, ont bouleversé la possession territoriale, semé des inquiétudes parmi les détenteurs de terrains et laissé entrevoir aux indigènes la possibilité d'obtenir des sentences parfois contradictoires en s'adressant alternativement à l'une ou à l'autre juridiction.

Pour ne pas rester dans des généralités, il nous faudrait prendre un à un tous les exemples qui nous ont frappé ; mais cette tâche nous entraînerait trop loin ; nous nous bornerons à citer un exemple caractéristique.

Dans le courant de septembre 1890, une rixe éclatait entre des indigènes appartenant aux fractions des Lebabda Oulad Rahal et des Zerarta. Trois hommes étaient tués, un quatrième blessé. Le mobile du crime était une question de propriété.

Le sénatus-consulte de 1870 a constitué au bénéfice de la fraction des Zérarta un lot de terres collectives de culture situé à Gharbia.

Depuis, des contestations se sont produites avec les Lebabda, qui prétendaient qu'une partie de ces terrains leur appartenaient. Les représentants de l'autorité locale, se basant sur les travaux du sénatus-consulte qui classait cette terre comme propriété collective des Zerarta, déclara la prétention des Lebabda mal fondée et autorisa les Zerarta à cultiver la totalité de la parcelle qui leur avait été attribuée. Les

Lebabda soumirent leur cause à M. le juge de paix de Berrouaghia qui, par jugement du 13 février 1889, condamna les Zerarta à 500 fr. de dommages-intérêts pour avoir labouré la parcelle dite Bou Kedimat, qui n'est qu'une partie de la terre de Gharbia, laquelle leur a été attribuée en entier par le sénatus-consulte.

Appel fut porté devant le tribunal de 1ʳᵉ instance de Blida, qui, par jugement du 23 mai 1889, confirmait la sentence du premier juge.

L'arrêt, longuement motivé, renferme le passage suivant :

« Attendu que le caractère de MELK COLLECTIF de la
« terre de Bou Kedimat rendrait compétente LA JURI-
« DICTION MUSULMANE s'il s'agissait d'une question
« pétitoire ou possessoire, mais qu'en réalité le litige
« n'est qu'une simple action *in factum* tendant à obte-
« nir réparation d'un préjudice éprouvé, accessoire à
« une action possessoire ;

« Que la compétence n'est donc pas douteuse, etc. »

Le 23 octobre 1889, M. le juge de paix de Berrouaghia désignait M. L., agent voyer, pour procéder à la délimitation de la terre de Bou-Kedimat, et par jugement du 28 mai 1890, homologuait le travail de cet agent et liquidait les dépens à la somme de 319 fr. 66.

L'action judiciaire, ouverte sur une question accessoire, s'est étendue, on le voit, à la question possessoire, puisqu'un agent a été délégué pour la délimitation d'un terrain auquel le tribunal avait reconnu lui-même le caractère de MELK COLLECTIF.

Malgré cette antithèse de noms, il est aisé de reconnaître, sous cette désignation, *l'unique catégorie de propriété qui existe dans le Sud, c'est-à-dire la pro-*

priété familiale opposée aux terres de parcours qui constituent exclusivement la propriété collective.

Si la doctrine énoncée dans l'arrêt du 23 mai 1889 doit prévaloir, toutes les terres cultivées dans le Sud doivent être classées dans la catégorie des terres de propriété privée soumises à l'action judiciaire, car toutes ont le double caractère de melk collectif.

Ce premier point bien établi, remarquons qu'il n'est pas possible au pouvoir judiciaire de statuer en matière de jouissance sans toucher aussi à la possession.

Deux indigènes revendiquent le même terrain. L'un d'eux le laboure, l'autre demande des dommages-intérêts. Est-il possible au juge de trancher la question de jouissance sans résoudre en même temps celle de propriété ? Evidemment non, et c'est dans ce sens négatif que le tribunal de Blida a parfois tranché la question.

Quoi qu'il en soit de la doctrine, et malgré les défenses de l'administration, les indigènes ont pris l'habitude de porter leurs différends devant l'autorité judiciaire qui, en se déclarant compétente pour les melk collectifs, a étendu en réalité son action sur toutes les terres cultivées.

Les décisions judiciaires ont ouvert la voie aux transactions, et actuellement les terres de culture de la zone sud aussi bien que celles de la zone tellienne font l'objet d'actes de vente, de rahnia et de partage. Les filles héritent au même titre que dans le Tell, du moins en droit, car dans la pratique elles sont déshéritées par la faculté que laisse la loi musulmane au chef de la famille, de constituer des habous au bénéfice de ses enfants. Les mâles sont toujours l'objet d'une préférence.

La terre a donc perdu le caractère collectif que lui avaient donné les travaux effectués en 1870, et il est à redouter que le même fait ne se reproduise, malgré les instructions et malgré la loi.

Bien qu'on puisse déplorer les événements accomplis, il n'est plus possible aujourd'hui de classer comme collectives les terres du sud de la tribu des Oulad Allan : les décisions administratives se heurteraient à des actes judiciaires qui ont acquis force de loi ; du moins est-il encore temps de donner des instructions aux tribunaux pour que leur immixtion soit limitée aux terres de propriété privée, partout où un classement a déjà été fait et sanctionné, et même dans les territoires où le caractère de la propriété n'a pas encore été déterminé.

La dualité des pouvoirs amène parfois des solutions contradictoires qui encouragent chaque indigène à persister dans ses revendications, elle affaiblit l'autorité de la chose jugée et entraîne en dernier lieu des rixes sanglantes. La querelle entre les Lebabda et les Zerarta n'a pas d'autre cause. Depuis vingt ans, s'appuyant sur les précédents administratifs et sur le dossier du sénatus-consulte, les représentants de l'autorité locale avaient affermi les Zerarta dans la conviction que la terre de Gharbia leur appartenait en entier. De leur côté, les Lebabda, forts des sentences obtenues, ont voulu les labourer. De là le conflit.

Pour les Oulad Allan, la question va être tranchée. Peut-on annuler les sentences rendues en territoire collectif ? Non. Il n'y a qu'à s'incliner devant les faits accomplis et à reconnaître à la terre cultivée le caractère de propriété privée, bien qu'en réalité elle soit, comme chez les Rahman-Ghéraba, indivise entre les familles et qu'elle ne constitue que le dernier échelon de la collectivité avant d'arriver à la propriété privée.

Nous avons parlé d'une troisième zone de terrain qui s'étend jusqu'au massif de Birin.

Les labours sont récents; cette zone, entièrement arable, n'a été mise en exploitation que depuis quelques années; elle renferme encore de nombreuses ressources.

Les défrichements, quelque récents qu'ils soient, ont cependant déjà donné lieu à l'intervention judiciaire; ces terrains sont jouis de la même façon que les autres et doivent recevoir le même classement.

Plus nous vivons parmi les indigènes, et plus nous sommes convaincus qu'ils n'ont jamais rien compris à nos termes de melk et de arch.

Le melk pour eux, c'est la terre vivifiée, et le arch, la terre en friche. Les termes conventionnels que nous avons fait adopter et les différences que nous avons établies entre le melk et la terre collective de culture, leur paraissent beaucoup trop subtiles. Ils n'ont compris qu'une chose, c'est que nous réservions à l'autorité judiciaire l'examen des contestations qui surgissent dans la propriété ANCIENNE, tandis que l'administration statuait sur les différends qui survenaient dans les territoires défrichés RÉCEMMENT. Quant aux conditions de jouissance et de partage, elles sont identiques.

Que l'on ne s'étonne pas de ce que nous avançons. Tous les indigènes que nous avons interrogés sur la différence entre les cultures melk et les cultures collectives nous ont répondu dans le même sens : « La terre melk est celle dont nous jouissions avant l'arrivée des Français. La terre que vous autres, représentants du beylik, appelez collective de culture et que nous appelons, nous, Bled Commission (le terrain de la Commission), c'est le terrain que vous nous avez défendu de vendre et de louer, dont certaines parties ont cependant été vendues et louées, pour laquelle vous vous êtes réservé le droit de trancher les contestations, bien qu'en certains cas les juges soient intervenus, de sorte que nous ne savons plus à quelle juridiction recourir.

« Le bureau nous dit : La justice ne s'occupera pas de votre terre collective de culture ; lorsqu'un de nos voisins a voulu plaider, nous l'avons dédaigné. On nous a condamnés et il a fallu que nous payions. »

Ces demandes d'explication qui se sont produites de la part des membres de la Djemaa nous ont fort embarrassé ; les indigènes des Oulad Allan demandent tous que la terre cultivée soit classée comme terre de propriété privée ; nous nous rangeons à leur avis.

En résumé, avant l'occupation française, les indigènes jouissaient de la même façon de toutes les terres cultivées, qu'elles provinssent d'achats ou de défrichements.

C'est l'administration française qui a donné naissance aux deux catégories de propriété créée chez les Oulad Allan par la commission administrative du sénatus-consulte de 1870.

Les classements effectués à cette époque n'ont pas été respectés.

En allant à l'encontre des mœurs, la loi devait fatalement être violée, et c'est l'autorité judiciaire elle-même qui a favorisé la transformation en terres de propriété privée des terrains auxquels le sénatus-consulte de 1870 donnait le classement collectif.

Nous donnons à la suite de ce rapport le relevé des actes transactionnels affectant des terres classées précédemment comme collectives.

Ce relevé n'embrasse que les actes passés par le cadi des Oulad Allan. Si le même travail était effectué dans les archives des tribunaux, il est certain que l'on trouverait aussi un grand nombre de jugements concernant les mêmes terrains.

Si certains terrains n'ont donné lieu jusqu'ici à aucune transaction, c'est parce que les propriétaires ont respecté les ordres de l'autorité administrative qui s'était réservé le droit de statuer sur les différends soulevés en territoire de propriété RÉCENTE, territoire auquel le sénatus-consulte de 1870 avait donné le classement de COLLECTIF DE CULTURE.

Mais la plupart des terres du Sud ayant été l'objet de l'intervention judiciaire, elles revêtent aujourd'hui tous les caractères de la propriété privée.

Etablir une différence entre ces terrains et ceux restés collectifs, ce serait favoriser les propriétaires qui ont méconnu les instructions de l'Administration.

Il est équitable de donner le même classement à toutes ces propriétés, dont le mode d'occupation et de jouissance est identique.

On ne peut leur reconnaître le caractère collectif qu'en annulant les sentences judiciaires et les transactions qui en ont été la conséquence.

Il nous paraît donc nécessaire de les classer parmi les groupes de propriété privée.

Droits d'usage.

La tribu des Oulad Allan possède des droits d'usage dans les parcours des Oulad Mokhtar et Mouaïdat Cheraga. Ces droits s'exercent en général depuis l'automne jusqu'au printemps ; les tentes qui possèdent des troupeaux vont alors s'établir dans les plaines d'alfa qui s'étendent jusqu'aux montagnes des Sahari Oulad Brahim.

Nous pensons qu'on peut sans inconvénients restreindre ces migrations, qui ne sont d'ailleurs effectuées que par un nombre de tentes assez restreint.

. . . .
. . . .

Quelques tribus du Sud viennent estiver tous les ans parmi les Oulad Allan.

Ce sont : les Rahman, les Mouaïdat Ghéraba, les Oulad Mokhtar et Mouaïdat Chéraga.

Leur installation a lieu le plus souvent en territoire de propriété privée, avec l'assentiment des propriétaires; à défaut, ils s'installent dans la partie mamelonnée qui s'étend au sud de la zone tellienne.

TABLE DES MATIÈRES

Préface.	V
Introduction. — Position de la question algérienne.	1
Chapitre I. — La terre.	11
Chapitre II. — Le fonds de colonisation.	21
Chapitre III. — La colonisation algérienne. — Histoire et philosophie.	35
Chapitre IV. — Colonisation officielle. — Initiative privée.	47
Chapitre V. — Formes diverses de l'initiative privée.	59
Chapitre VI. — Le crédit. — La main-d'œuvre.	69
Chapitre VII. — La justice musulmane.	87
Chapitre VIII. — La justice française.	101
Chapitre IX. — Juridictions exceptionnelles. — Les administrateurs.	117
Chapitre X. — Impôts européens. Impôts arabes.	131
Chapitre XI. — L'instruction publique.	147
Chapitre XII. — Questions diverses.	165
Chapitre XIII. — Comparaisons.	183
Conclusion.	205

APPENDICE.

Sept monographies de tribus.	229
I. — Les Beni-Menguellet.	231

II. — Les Beni-Khalfoun.	259
III. — Les Flisset-el-Bahr.	267
IV. — Les Tacheta.	271
V. — Les Aziz.	275
VI. — Les Rahman-Ghéraba.	277
VII. — Les Oulad-Allan.	303

www.ingramcontent.com/pod-product-compliance
Lightning Source LLC
Chambersburg PA
CBHW060455170426
43199CB00011B/1213